STUDY ON HAYEK'S FREEDOM THEORY
UNDER MARX'S VIEW OF LIBERTY

马克思自由观视域下
哈耶克自由理论研究

徐振华 ｜ 著

辽宁人民出版社

图书在版编目（ＣＩＰ）数据

马克思自由观视域下哈耶克自由理论研究 / 徐振华
著 . — 沈阳：辽宁人民出版社，2023.1
ISBN 978-7-205-10597-6

Ⅰ . ①马… Ⅱ . ①徐… Ⅲ . ①哈耶克（Hayek,
Friedrick August von 1899–1992）—自由—思想评论 Ⅳ .
① D095.615.36

中国版本图书馆 CIP 数据核字（2022）第 192629 号

出版发行：辽宁人民出版社
　　　　　地址：沈阳市和平区十一纬路 25 号　邮编：110003
　　　　　电话：024-23284321（邮　购）　024-23284324（发行部）
　　　　　传真：024-23284191（发行部）　024-23284304（办公室）
　　　　　http://www.lnpph.com.cn
印　　刷：辽宁新华印务有限公司
幅面尺寸：170mm×240mm
印　　张：12
字　　数：170千字
出版时间：2023年1月第1版
印刷时间：2023年1月第1次印刷
责任编辑：董　喃
装帧设计：留白文化
责任校对：耿　珺
书　　号：ISBN 978-7-205-10597-6

定　　价：58.00元

序

19世纪的马克思与20世纪的哈耶克，尽管身处不同时空，却是众多人类自由问题研究论域中的杰出研究者。二人所形成的自由观或自由理论，实质上代表了近代以来西方两条不同进路的自由学说——社会主义与自由主义。1978年，中国开启改革开放，以马克思主义为主流意识形态的当代中国选择了社会主义市场经济，马克思主义与自由主义两大思想体系不得不再次"相遇"。抛开意识形态论争不说，就如何解决新中国从"站起来"到"富起来"这一现实难题，让马克思主义与自由主义实现再次对话已势在必行。如今，我国社会主义市场经济体制的成功实践向世人有力证明，当初我们以开放的姿态和博大的胸怀接纳自由主义与社会主义对话、汲取自由主义思想精华的尝试是正确的。今天，社会主义现代化建设新征程已全面开启，中国改革不停顿，开放不止步，具有中国特色的社会主义市场经济在全面开启社会主义现代化新征程道路上的步伐将迈得更加稳健、更加坚定，这在一定程度上为新的历史条件下推进马克思主义与自由主义对话开辟了更为广阔的可能性空间。

本书即以此为背景，将有着古典自由主义传统的哈耶克自由理论置于马克思自由观视域，采用分析与综合相结合、历史与逻辑相统一的方法，对哈耶克自由理论的思想渊源、要素构成、历史再现、马克思自由观的要素构成以及历史演进等多个主题进行系统梳理和全方位研究。哈耶克自由理论的思想渊源与奥地利经济学派、苏格兰启蒙传统以及主观主义认识论密不可分，哈耶克所形成的自由理论至少涵括了否定性自由、个人自由、自生自发秩序等三大自由要素构件。而马克思自由观却包含了积极性自由、现实自由以及实践自由等不同于哈耶克自由观的自由要素构件。通过研究发现，马克思与哈耶克自由理论在关于人类自由的终极价值关怀上是一致的，都是谋求实现个人自由。而双方存在的诸多分歧，在很大程度上，集中呈现于实现自由道路与手段维度的差异。当前，我国已踏上开启全面建设社会主义现代化国家的新征程，急需更高水平的社会主义市场经济体制来为社会主义现代化保驾护航、开疆拓土。因此，我们既要积极吸收哈耶克自由理论中的合理性因素，充分挖掘哈耶克自由理论对新时代中国特色社会主义事业的启示价值，在实践中促进我国社会主义自由的进一步发展，还要坚持和坚守马克思自由观关于社会主义自由的基本原则和根本立场。

目　录

引　言

　　缘何要以马克思自由观看待哈耶克自由理论，进而将两种风格截然不同的自由思想放在一起加以研究？一方面，是推进人类自由思想进一步走向深入研究的需要。人类从来就不缺乏对自由的向往与追求，也从来不缺乏对自由的理解与主张，但迄今为止，人类对自由没有形成而且也不大可能形成统一共识。以西方资本主义自由与东方社会主义自由为代表的自由体系构成当今世界两大主流自由体系，哈耶克与马克思的自由思想正是这两大主流自由体系的典型代表，两位哲学家对自由问题均做出了极为珍贵而深刻的探索，形成的自由思想在各自理论与实践场域中对现实自由的实现产生了巨大的指导与改造功用。毫不夸张地讲，这是留给人类的两笔宝贵的自由思想遗产，也是人类众多自由思想中的两大优秀杰出代表性成果，这是将两种自由观置于一起研究的基础前提。然而，哈耶克的自由理论尽管闪现出许多闪光点，如市场自由、崇尚法治、保护私有财产等，但其存在的理论缺陷也是显而易见的，也正是由于其理论缺陷的存在，导致其所指引的实践中的自由是少数人的自由和大多数人的不自由。显然，哈耶克的自由理论没有真正指引人类走向自由。走在自由的十字路口，一种能够指引人类真正走向自由的自由理论便呼之欲出！先于哈耶克自由理论存在的马克思自由观本身就是立足于如何实现全人类自由的科学自由观。在实现全人类自由的过程中，马克思看到了生产力高度发展阶段之于人类自由的不可跨越性，而哈耶克自由理论正是马克思生产力高度发展阶段不可或缺的有效指导。因此，如能以面向实现全人类自由的马克思自由观看待能有效指导生产力发展的哈耶克自由理论，吸取其精华，剔除其糟粕，将是人类自由思想在价值理性与工具理性有机统一中的巨大推进，人类真正走向自由也将向前迈进一大步。

另一方面，更是全面开启社会主义现代化新征程现实实践的需要。社会主义现代化是生产力不断解放和发展进而走向高度发达的现代化，这正是马克思自由观主张的关于实现人的全面自由发展的必经阶段。在这一阶段，政府与市场的矛盾关系将贯穿社会主义现代化过程始终。政府与市场关系处理得好，生产力则发展得好，社会主义现代化如期实现；否则，政府与市场关系处理得不好，生产力则将被束缚，社会主义现代化进展迟缓。某种程度上讲，马克思自由观与哈耶克自由理论正是这一实践问题在新时代中国的理论印证。我国是以马克思主义为指导的社会主义国家，坚持马克思科学自由观，在建设高水平社会主义市场经济、发展生产力方面，始终不会走向西方国家的"自由放任"，政府的"计划"是不可或缺的，要"更好发挥政府作用"。然而，对于"市场"我们同样给予了充分的尊重和重视，主张"市场起决定性作用"，这恰恰是哈耶克自由理论所极力推崇的，而且从哈耶克自由理论中可以挖掘出若干可供借鉴的发展社会主义市场经济的有益思想。因此，马克思自由观关于人类走向全面自由发展的"生产力高度发达"的物质条件的现实预判，为立足马克思自由观视域看待哈耶克自由理论奠定了难以逾越的实践基础。

第一章 绪 论

　　人类的价值追求多如繁星，但即便如此，总有几颗最璀璨的会格外引人注目、突出地闪现在精神世界的价值星空，启迪着智慧的灵光，寄托着人类的希望，激发着行动的力量。自由，作为"璀璨之星"中极为光彩夺目的一颗，自古以来，人们就对其充满无限向往，大量先哲文人为其著书立说，极力称颂自由；无数仁人志士为其前仆后继，甚至不惜付出生命代价。1847年，匈牙利诗人裴多菲"生命诚可贵，爱情价更高。若为自由故，两者皆可抛"的著名诗句将自由价值提升至胜于生命的境界。然则，面对这一共同追求、"以命相惜"的价值理想，人类却陷入混乱迷思，直至走向分歧。何谓自由？自由缘何如此重要？恐怕"没有一个词比自由有更多的涵义，并在人们意识中留下更多不同的印象了"[①]。人人心中都有一个"自由"，以至于尽管"我们都宣称信奉自由，但用词虽同，所指迥异"[②]。拨开诸多"迥异"表象，可以清晰发现，"这里就有两种东西，不仅不同，而且互相冲突，但它们都叫'自由'"[③]。这两种"互相冲突"的东西，一种是以"英国传统"自由主义为思想基底的消极自由；另一种是以"法国传统"自由主义为思想基底的积极自由。

---

　　①Baron de Montesquieu, The Spirit of Laws[M]. tr.by Thomas Nugent, ed.David Wallace Carrithers, Berkeley&Los－Angeles, Calif.: University of California Press, 1977, Book XI, Chapter 2, p.199.

　　②Abraham Lincoln, The Writings of Abraham Lincoln[M]. ed.A.B.Lapsley, New York: 1906, VIII, 121.

　　③Abraham Lincoln, The Writings of Abraham Lincoln[M]. ed.A.B.Lapsley, New York: 1906, VIII, 121.

一、哈耶克自由理论研究状况述评

哈耶克作为"自亚当·斯密以来最受人尊重的自由主义道德哲学家和政治经济学家"①，一生著述丰实，涉猎广泛，在经济、心理、政治、哲学等多领域均有其系统而深刻的独到建树，是20世纪不多有的、不折不扣的一位百科全书式的"知识贵族"。尽管如此，但细究其作品不难发现，其全部论述都始终围绕一条主线展开，这条贯穿始终的主线便是其自由思想。由此，哈耶克在自由问题的研究上形成了备受世人瞩目的自由理论著述，尤其是《通往奴役之路》《致命的自负》以及《自由宪章》②堪称哈耶克经典"三部曲"，引发了国内外研究者的蜂拥关注。对于哈耶克自由理论的有关研究成果浩如烟海，牵涉领域纷繁复杂，从国外、国内两个视域大致梳理综述如下：

（一）国外学者研究状况

"近水楼台先得月！"对哈耶克自由理论的研究，国外是先于国内的。自20世纪70年代始，国外学界开启了对哈耶克的研究并渐渐升温。迄今为止，所形成的研究成果硕果累累，正如邓正来所讲，"西方知识界在70年代以后出版了大量研究他的理论的专著；而在讨论和批判他的思想方面所发表的论文更是不计其数"③。通过邓正来的评价可以窥见，哈耶克在学界具有非凡的学术影响和学术地位。总体而言，按照成果形态划分：第一类是哈耶克研究专著，此类研究成果最具参考价值；第二类是哈耶克传记，以哈耶克本人的人生经历作为线索展开研究；第三类是哈耶克研究文

---

①[英]哈耶克.自由宪章 [M].杨玉生，冯兴元，陈茅等译.北京：中国社会科学出版社，2012：7-8.

②这本书有两个译本，中国社会科学出版社翻译为《自由宪章》，邓正来翻译为《自由秩序原理》。

③邓正来.规则·秩序·无知——关于哈耶克自由主义的研究 [M].北京：生活·读书·新知三联书店，2004：66.

集，多数是对哈耶克有关思想的讨论成果。依据这样的分析脉络，下面将围绕每一类别的代表性研究作品、作者、主体思想内容展开相对详细的引荐与述评。

一是关于哈耶克及其思想的专著类研究

关于哈耶克及其思想的专著类研究，大部分专门围绕和针对哈耶克自由理论中的某一具体问题进行深入系统研究而形成的专著类成果。在此类研究成果中，英国伦敦经济学院的约翰·格雷（John Gray）教授、澳大利亚的坎德兰·库卡瑟斯（Chandran Kukathas）以及美国经济学家拉齐恩·萨丽（Razeen Sally）等学者的研究最为著名，也最具代表性。

当今世界，在研究哈耶克思想的学术圈中，英国伦敦经济学院的约翰·格雷被公认为权威。1984年，约翰·格雷出版了其巨著——《哈耶克论自由》。通过此书，格雷对哈耶克的相关学术思想和观点做了比较全面并且兼富深刻性的系统评述。也正是因为格雷《哈耶克论自由》这本专门研究哈耶克的著作，不仅帮助其赢得了在学界的学术声誉，而且也帮助其引得了哈耶克本人对他的高度信任，以至于被哈耶克认为是自己最为理想的学术继承人。早期的格雷的确是哈耶克理论的坚定拥护者，从其作品《哈耶克论自由》中的不少赞美之词就可以见得，"哈耶克的论著阐发了一个思想体系，其抱负之宏大完全可以与密尔和马克思的思想体系相媲美，但是却远不如他们易受到批判，因为哈耶克的体系是以一种在哲学上站得住脚的有关理性之范围和限度的观点为基础的……仅依据上述理由，哈耶克就有资格命令哲学、社会理论和政治经济学研究和学习者给予其以批判性的关注"[1]。在这部著作第一版中，格雷对哈耶克的思想体系及其思想渊源展开了系统而深入的述评。关于哈耶克的思想体系，约翰·格雷着眼于"自生自发秩序"这一被哈耶克视为"命根儿"的、最为基础、最为重要的自由理论基础展开了全方位的评价与分析。在这种评价与分析中，

[1] J.Gray, Hayek On Liberty, Third edition [M].London：Routledge, Preface to the First Edition，1998.

格雷深入解析了哈耶克自生自发秩序理论构成中极具特色的三个基本要素构件，即在继承亚当·斯密"看不见的手"主张基础上的社会秩序演化机制、传统秩序的自然演进以及默会知识（Tacit Knowledge）等。而如果从思想来源看，约翰·格雷则将哈耶克的思想理论体系归源于英国古典自由主义基础上的对苏格兰思想启蒙运动传统的继承，"哈耶克的自发秩序以及一般行为规则理论都是社会进化而非人之设计的产物"①，格雷此时的研究侧重点是梳理与阐释。而在1998年《哈耶克论自由》二次再版时，格雷在书末附加的后记中却一改常态，开启了对哈耶克思想体系及其哲学基础的尖锐批评和否定，这也映衬了其在"一版"中"给予其以批判性的关注"的评价。格雷认为，哈耶克自生自发秩序理论是同达尔文主义式的制度演进论——文化进化联系在一起的，这种认识论基础就是错误的，因为"哈耶克对文化进化思想并没有进行系统化和逻辑化的证明"②，在这种错误认识论基础上形成的对计划经济的批评，根本无法保障放弃计划经济的国家成功实现符合自己国情的经济转型。很明显，格雷对哈耶克自生自发秩序的态度呈现大反转，尤其是在《哈耶克论自由与传统》和《哈耶克与古典自由主义的消解》这两篇文章中，格雷一针见血地指出，哈耶克理论体系存在自由与传统间的冲突，特别是其规范性的缺失消解了理论体系的自身价值。格雷前后对哈耶克思想的不同态度，完全符合连哈耶克本人都极力倡导的康德批判哲学传统，我们不能从道德层面加以审判，至于其对哈耶克思想存在的些许误解之处，有待学术研究进一步商榷。仅就积极意义而言，格雷的研究是我们解锁哈耶克有关理论困境的一把金钥匙。

与约翰·格雷将哈耶克思想进行全面研究不同的是澳大利亚学者坎德兰·库卡瑟斯。坎德兰·库卡瑟斯对哈耶克及其思想研究的独特贡献在于，他搭建了现代政治哲学大论争与哈耶克思想研究之间的"桥梁"，实现了在政治哲学问题讨论中的哈耶克研究。坎德兰·库卡瑟斯研究成果的

---

①J.Gray，Hayek on Liberty，Rights and Justice [J]. Ethics，1981（92）.

②J.Gray，Hayek on Liberty，Rights and Justice [J]. Ethics，1981（92）.

代表性力作——《哈耶克与现代自由主义》于1990年得以问世。通过此书，他集中思考了"哈耶克自由主义特征"这一问题，并由此导入哈耶克与现代自由主义关系的问题讨论。对于哈耶克自由理论的有关研究，库卡瑟斯同样对哈耶克自生自发秩序思想做出了具有现代自由主义视域的深刻探索，从规则与秩序关系之维度，将哈耶克自生自发秩序思想特征做出了三方面归纳：首先，"哈耶克将社会看作是'人之行为'的结果，这种结果基于人们对于世界总体知识的有限了解之上，并非是人们'设计'的产物；其次，经由人类社会演化的自发性规则系统，可以在人们的实践和行为过程中进行自我完善；第三，自发性秩序是一种能够规范人们行为的规则系统"①。坎德兰·库卡瑟斯通过研究认为，必须高度重视哈耶克自由主义理论，因为哈耶克没有将自由主义局限于民族主义传统，并不是在象牙塔里抽象地讨论自由本身，哈耶克对自由主义的探讨包括了政治、社会与道德理论在内的范围更加宽泛的探讨。当然，坎德兰·库卡瑟斯对哈耶克自由理论的研究也并非一味正面解读与肯定，同样也对其过度专注于批判极权主义的做法提出了质疑和批判，认为哈耶克对自由主义发展过程中凸显的伦理与道德问题给予足够的重视和反思。坎德兰·库卡瑟斯将哈耶克思想置于现代自由主义进行考察，为进一步认识哈耶克自由理论提供了全新视域，也有助于我们在现代政治哲学背景下更深刻地阐释与定位哈耶克自由理论。

与《哈耶克与现代自由主义》相对应的哈耶克思想研究的另一著作是美国经济学家拉齐恩·萨丽等人所著的《哈耶克与古典自由主义》。萨丽等人在书中，从经济学视域出发，对当时诺贝尔经济学奖的5位得主的英国古典自由主义理论渊源做了深入讨论，在此基础上，对整个亚洲所受哈耶克思想影响的具体状况做了较为细致的分析。如拉齐恩·萨丽在其《什么是自由主义》中详细分析了包括"自由与秩序""自由主义的心理假设和

①Kukathas，C. Hayek and Liberalism [M]. London：Routledge，1989.

经济框架""自生秩序与法律""政府"等诸多自由主义元素①；美国学者阿米·斯特基斯在其《古典自由主义的兴起、中衰与复兴》中详细描述了古典自由主义的诸多内容；斯蒂文·霍维茨在其《从斯密到门格尔再到哈耶克：苏格兰启蒙运动传统的自由主义》中意识到了苏格兰启蒙运动传统的有限理性思想，他指出，在苏格兰思想启蒙运动中所涌现出来的诸多思想家看来，"人并不秉赋什么超级理性，相反，他们总是容易出错，并且常常是短视的，时时需要他人所拥有的知识的指导"②。《哈耶克与古典自由主义》这部著作从总体上对哈耶克的主要贡献做了总结，认为哈耶克的主要贡献集中呈现于其发现了人类理性之有限性的奥秘以及人类有意识的设计和指导我们制度的活动及其产生的后果的能力的局限性。某种程度上讲，此著作对我国最具启发性。另外，哈耶克的秩序观、知识观以及法治观在本著作中也得到了详细介绍与论述，对我们进一步研究哈耶克思想具有重要的启发作用。尽管如此，可是该著作不似《哈耶克论自由》《哈耶克与现代自由主义》，并未对哈耶克整体思想做出系统而富有条理的说明。

二是关于哈耶克及其思想的传记类研究

关于哈耶克及其思想的传记类研究，多数是以不同时间所发生的不同事件为线索来分析这些事件对哈耶克思想体系所构成的重要影响。目前在我国国内形成较具影响力的关于哈耶克传记类研究的成果共有三部：一是英国学者阿兰·艾伯斯坦（Alan Ebenstein）所著的《哈耶克传》（*Friedrich Hayek: A Biography*）；二是英国政治学家安德鲁·甘布尔（Andrew Gamble）的有名著作——《自由的铁笼：哈耶克传》；三是美国学者布鲁斯·考德威尔（Bruce Caldwell）所著的《哈耶克评传》

---

①[美]拉齐恩·萨丽.什么是自由主义？——探讨自由思想的知识根基[A].[美]拉齐恩·萨丽等.哈耶克与古典自由主义[C].秋风译.贵阳：贵州人民出版社，2003.

②[美]斯蒂文·霍维茨.从斯密到门格尔再到哈耶克：苏格兰启蒙运动传统的自由主义[A].[美]拉齐恩·萨丽等.哈耶克与古典自由主义[C].秋风译.贵阳：贵州人民出版社，2003：195.

（*Hayek's Challenge*）。

在这三部关于哈耶克的传记类研究中，阿兰·艾伯斯坦的《哈耶克传》最具影响力，也最为人们所广泛传阅。艾伯斯坦在《哈耶克传》中完整地记录了哈耶克思想的发展轨迹。艾伯斯坦从哈耶克的生平、作品以及思想历程等方面对其做了完整追溯，认为哈耶克的学术生涯始于维也纳大学，最早从其良师益友米塞斯那里接触并服膺了自由市场理念，"在维也纳大学，哈耶克进入了自由主义、自由市场的经济学传统的堂奥，此后他毕生都徜徉于这一传统中"①。通过这本传记全面展示了哈耶克有关市场经济和自由思想及其对20世纪社会经济发展进程的深刻影响。在对《通往奴役之路》的记录方面，艾伯斯坦分析了哈耶克写作此书的最初背景，认为这本书是哈耶克"个人亲身经历的结晶，作者差一点两度生活在同样的时期——至少两度看到了同样的观念的演变过程"②。总体而言，艾伯斯坦关于哈耶克的这部传记将哈耶克的人生旅程与其学术思想紧密结合，可以说是历史与逻辑相统一的一部经典研究之作。

与艾伯斯坦不同，安德鲁·甘布尔的《自由的铁笼：哈耶克传》并未坚持以哈耶克人生经历为线索的研究路径，而是突出了哈耶克自由理论的逻辑性，尤其是凸显了哈耶克思想的主题性特点，"我们根据主题——而不是根据年代顺序——对这一批判的基本特点进行了研究"③。由此，该书以"反思哈耶克"为起点，然后围绕道德、市场、政治、保守主义、自由宪章以及与凯恩斯的论战等主题④，对这位当代极具影响力、也极具争议的思想家进行了全面阐释，最后以"自由的铁笼"收尾。如在谈到哈耶克对社会主义的批判时，甘布尔认为"哈耶克的论点并非依

---

① [英]阿兰·艾伯斯坦.哈耶克传[M].秋风译.北京：中国社会科学出版社，2003：30.

② [英]阿兰·艾伯斯坦.哈耶克传[M].秋风译.北京：中国社会科学出版社，2003：135.

③ [英]安德鲁·甘布尔.自由的铁笼——哈耶克传[M].王晓东，朱之江译.南京：江苏人民出版社，2002：31.

④ [英]安德鲁·甘布尔.自由的铁笼——哈耶克传[M].王晓东，朱之江译.南京：江苏人民出版社，2002.

赖于经验主义式的空想；他主要是根据先验理论基础对社会主义进行批判"①。当然，甘布尔对哈耶克的思想通过其著作也给出了自己的评价和批判性分析。如在前言中甘布尔认为，尽管哈耶克对于20世纪70年代英国保守党的思想体系转变发挥过重要作用，但其思想具有一定的封闭性，"由于他强加在其著作中的思想封闭态度，他在很大程度上未能进一步拓展他的见解——也正是由于这些思想上的封闭态度，他才没能拥有更广泛的读者群"②。总体而言，该书对哈耶克进行研究的主要特点在于不仅关注作为理论家的哈耶克，更关注作为理论家的哈耶克与作为社会科学家的哈耶克的比较性研究，并进而侧重分析作为社会科学家的哈耶克对当代经济社会政策所构成的影响。

在关于哈耶克的传记类研究成果中，还有一部非常值得关注的著作就是由美国杜克大学布鲁斯·考德威尔教授所写的《哈耶克评传》③这本传记，有学者也将《哈耶克评传》这本传记的英文原名——*Hayek's Challenge*翻译为中文叫《哈耶克的挑战》。该书成书时间最晚，最晚引证文献为2003年，而且在三部传记类研究成果中最为艰涩。考德威尔在书中对哈耶克是按照哈耶克人生发展的重要"三阶段"展开研究的，因此，全书在逻辑上共分三部分：第一部分是奥地利学派背景分析，介绍了哈耶克与奥地利学派的渊源，并将哈耶克同奥地利学派与历史主义者（Historicist）、社会主义者（Socialist）和实证主义者（Positivist）对立起来；第二部分是哈耶克的人生旅程及其学术生涯，其中也不乏考德威尔对哈耶克学术生涯进行的主观评价；第三部分是哈耶克的挑战，这部分分为两章，在第一章中对哈耶克的人生旅程做了评价，同时对哈耶克遗产也试

①[英]安德鲁·甘布尔.自由的铁笼——哈耶克传[M].王晓东，朱之江译.南京：江苏人民出版社，2002：32.

②[英]安德鲁·甘布尔.自由的铁笼——哈耶克传[M].王晓东，朱之江译.南京：江苏人民出版社，2002：（前言）1.

③Caldwell, B. Hayek's Challenge：Intellectual Biography [M].Chicago：University of Chicago Press，2005.

图做出评估，在第二章中考德威尔以一位经济思想史学者的身份对哈耶克相关论断进行了批判，并透过他们去反思政治学和经济学在20世纪的发展。

三是关于哈耶克及其思想的文集类研究

关于哈耶克及其思想的文集类研究，主要指的就是将围绕哈耶克经济、政治、法律、社会、哲学等思想进行讨论的有关论文加以收拢、整理和归纳而形成的论文集。最具代表性的论文集有三部：一是美国乔治梅森大学经济系教授彼得·博特克（Peter J.Boettke）与安德鲁·法兰特（Andrew Farrant）等人一起编著的三卷本论文集——《哈耶克的遗产：政治、哲学和经济学》（*The Legacy of Friedrich von Hayek*[①]）；二是1991年由约翰·伍德（John C.Wood）与罗纳德·伍兹（Ronald N.Woods）共同合编而出版面世的《哈耶克评论文集》（*Hayek：Critical Assessments*[②]）；三是由德国学者格尔哈德·帕普克主编的论文集——《知识、自由与秩序——哈耶克思想论集》（*Wissen,Freiheit und Ordnung*）[③]。诸如此类论文集对不同时期以及不同领域有关哈耶克思想理论的研究文章进行了梳理收集，成为能够较为全面反映学界关于哈耶克思想理论研究的代表性成果。从研究内容看，这些论文集分别从不同侧面对哈耶克思想的诸多核心内容进行了系统深入讨论，如有限理性、自发秩序、知识论、正义和自由理论等。从研究方式看，既有文章梳理，也有对哈耶克与其他学者理论争论的比较。其中，约翰·伍德与罗纳德·伍兹合编的论文集堪称高质量研究论文之集大成者；而格尔哈德·帕普克主编的论文集则探究到了哈耶克思想的精要，既对哈耶克的突出贡献给予了充分肯定，又对哈耶克思想于现实世界的可行性功用给予了客观揭示。因此，帕普克这本论文集也成为现代对哈耶克思想进行研究的汉译著作中重点参考的一部文献。

---

①Boettke，P. The Legacy of Friedrich von Hayek [M]. London：Edward Elgar，2000.

②Wood，J. & R. Woods. F. A. Hayek：Critical Assessments [M]. New York：Routledge，1991.

③[德]格尔哈德·帕普克.知识、自由与秩序——哈耶克思想论集[M].黄冰源，冯兴元，赵莹，梁晶晶译. 北京：中国社会科学出版社，2001.

（二）国内学者研究状况

总体而言，国内学术界对哈耶克及其思想的相关研究呈现出"翻译性研究"与"研究性翻译"相结合的风格与进路，也就是说，把翻译和研究结合在一起，在翻译中研究，在研究中翻译。自20世纪50年代起，国内学界对哈耶克思想的译介与研究在我国台湾即已初见端倪。较早做出这种译介努力并形成一定研究的代表性学者有：哈耶克亲传弟子周德伟、著名哲学家殷海光、著名经济学家夏道平等。相对稍晚的有：哈耶克关门弟子林毓生、台湾政治大学何信全、香港中文大学石元康等。早年的若干译介研究对揭示哈耶克理论（尤其是自由理论）的真实面貌贡献卓著，但"亦有若干译介不免情胜于理，无法准确地展示哈耶克思想的真实面貌，虽能激起一时之思想风潮，然而热潮一退，似乎再也难以显示思想本身之理性光辉"[①]。自20世纪90年代起，我国开始逐步建立社会主义市场经济体制，此时，"不认真研究作为发达国家经济制度一个重要理论基石的自由主义，是不可想象的"[②]。因为，尽管"自由主义的某些主张确实是和我国的思想体系格格不入的，但必须承认，作为自由市场经济的重要理论基础，自由主义理论反映和总结了市场经济运行的一般规律"[③]，但我们不得不承认，自由主义理论是市场经济的重要理论基础，它的确是对市场经济运行一般规律的真实反映和合理总结。所以，从学理层面讲，也急需一套能够揭示市场经济运行规律的理论学说来指导改革实践。因此，有关自由主义的理论研究在我国大陆渐成显学，尤其是对哈耶克思想的研究，越来越多学者参与其中，形成大量成绩斐然的研究成果。在众多研究者中，以邓正来、冯克利、高全喜、韦森、秋风、汪丁丁等最具代表性。

---

① 何信全.哈耶克自由理论研究[M].北京：北京大学出版社，2004：4.
② [英]哈耶克.自由宪章[M].杨玉生，冯兴元，陈茅等译.北京：中国社会科学出版社，2012：（译者的话）2.
③ 何信全.哈耶克自由理论研究[M].北京：北京大学出版社，2004：4.

复旦大学邓正来教授可谓是中国关于哈耶克及其思想研究的"第一人"，是国内研究哈耶克学者中的公认权威。他对哈耶克的研究尽管是始于对哈耶克著述的翻译，但在翻译过程中，他就是一个典型的"翻译性研究"和"研究性翻译"相结合的研究者，对哈耶克大量思想和概念做了深入的阐释和解读。邓正来教授在其一生的学术生涯中，对哈耶克的论著做了大量译校，翻译并出版了《法律、立法与自由》①《自由秩序原理》②《个人主义与经济秩序》③，出版了个人专著《哈耶克读本》④《自由与秩序：哈耶克社会理论的研究》⑤《哈耶克法律哲学研究》⑥《哈耶克社会理论研究》⑦ 和《规则·秩序·无知：关于哈耶克自由主义的研究》⑧等共计220余万字。而且，还撰写了《〈自由秩序原理〉抑或〈自由的宪章〉——哈耶克The Constitution of Liberty书名辨》⑨《社会秩序规则二元观——哈耶克法律理论的研究》⑩《哈耶克方法论个人主义的研究》⑪《哈耶克关于自由的研究》⑫等关于哈耶克研究的学术论文近60万字。邓正来对哈耶克思想的研究应该说是最为全面深入的，在对哈耶克及其思想的整个研究过程中，邓正来自始至终"强调哈耶克理性不及的知识观，追溯哈耶

①[英]哈耶克.法律、立法与自由（三卷本）[M].邓正来等译.北京：中国大百科全书出版社，2000.

②[英]哈耶克.自由秩序原理（上、下）[M].邓正来译.北京：生活·读书·新知三联书店，1997.

③[英]哈耶克.个人主义与经济秩序[M].邓正来译.北京：生活·读书·新知三联书店，2002.

④邓正来.哈耶克读本[M].北京：北京大学出版社，2010.

⑤邓正来.自由与秩序：哈耶克社会理论的研究[M].南昌：江西教育出版社，1998.

⑥邓正来.哈耶克法律哲学的研究[M].北京：法律出版社，2004.

⑦邓正来.哈耶克社会理论研究[M].上海：复旦大学出版社，2009.

⑧邓正来.规则·秩序·无知：关于哈耶克自由主义的研究[M].北京：生活·读书·新知三联书店，2004.

⑨邓正来.《自由秩序原理》抑或《自由的宪章》——哈耶克The Constitution of Liberty书名辨[J].法哲学与法社会学论丛，1998.

⑩邓正来.社会秩序规则二元观——哈耶克法律理论的研究[J].北大法律评论，1999（2）：395-445.

⑪邓正来.哈耶克方法论个人主义的研究[J].浙江学刊，2002（4）：17.

⑫邓正来.哈耶克关于自由的研究[J].哲学研究，2008（10）：68-75.

克整体性的社会观，把法律、政治等放在他的社会系统中加以研究"①这样
一种研究理路。他的研究推进了哈耶克自由理论在中国的本土化，解开了
国内学界对哈耶克思想存在的误解情结，也奠定了进一步研究哈耶克自由
理论的坚实基础。

山东大学冯克利教授是国内学界哈耶克研究的又一重要领路人。他对
哈耶克的研究不仅仅在于翻译了哈耶克的亲笔巨著《致命的自负》②《科学
的反革命——理性滥用之研究》③《经济、科学与政治——哈耶克思想精
粹》④等，而且还翻译了国外学界哈耶克研究的思想巨著，如布鲁斯·考德
威尔的《哈耶克评传》⑤。冯克利在译介哈耶克本人及国外有关哈耶克研
究著作的时候，有一非常明显的特点就是，在译前会有针对原著相关内容
的一个译前"谨识"，通过译前"谨识"阐释了他对哈耶克思想的深刻理
解，成为我们认识、学习和理解哈耶克自由理论的重要资源。当然，针对
哈耶克思想的研究，冯克利也形成了一些代表性论文成果，如《哈耶克的
知识论和权力限制》⑥《哈耶克并不沮丧》⑦等。

北京航空航天大学高全喜教授也是国内众多哈耶克研究者中一位极负
盛名的当代学者。高全喜教授的研究"主要从如何建构政治与法律制度，
以及政治与法律制度背后的正当性等问题入手"⑧，代表性研究成果就是他
的著作——《法律秩序与自由正义——哈耶克的法律与宪政思想》⑨。通

---

①孙国东.哈耶克与新自由主义——哈氏思想在中国的引介、传播及其影响[N].中华读书报，
2009-12-9.

②[英]哈耶克.致命的自负[M].冯克利，胡晋华等译.北京：中国社会科学出版社，2000.

③[英]哈耶克.科学的反革命——理性滥用之研究[M].冯克利译.南京：译林出版社，2003.

④[英]哈耶克.经济、科学与政治——哈耶克思想精粹[M].冯克利译.南京：江苏人民出版社，
2000.

⑤[美]布鲁斯·考德威尔.哈耶克评传[M].冯克利译.北京：商务印书馆，2007.

⑥冯克利.哈耶克的知识观和权力限制[J].天涯，2000（4）：128-133.

⑦冯克利.哈耶克并不沮丧[J].读书，1993（12）：145-147.

⑧孙国东.哈耶克与新自由主义——哈氏思想在中国的引介、传播及其影响[N].中华读书报，
2009-12-9.

⑨高全喜.法律秩序与自由正义——哈耶克的法律与宪政思想[M].北京：北京大学出版社，2006.

过这一研究巨作，高全喜以哈耶克的法律与宪政思想理论为切入点，全面而系统地对哈耶克法哲学、法治思想以及宪政理论进行了阐述和评价，然后深入剖析了哈耶克"三权五层"宪法新模型的具体结构，以及试图用这种新模型来解决当时社会发展热点政治问题的做法，证得了捍卫正义的哈耶克法哲学思想，从而对哈耶克法哲学思想的正义价值做出了集中论述。关于此方面研究，在其论文《宪法、民主与国家——哈耶克宪法理论中的几个问题》①中也有细致全面分析。另外，高全喜特别重视置于中国语境下认知与对待哈耶克思想，他在其撰写的论文——《哈耶克主义与中国语境》②一文中指出，哈耶克思想体系在中国的传播"并不是一种单纯的社会经济政治理论的翻译与传播，其在中国的演变也不单纯是一个受到重视的西方思想资源被解读和引申，而是构成了中国问题的一个重要方面，故可称为中国的哈耶克主义" ③。

　　复旦大学经济学教授韦森（原名李维森）也是国内哈耶克研究的重要学者之一，其对哈耶克的研究多数是肯定性研究。韦森对哈耶克研究的代表性力作就是《重读哈耶克》④一书。通过此书，他本着为中国改革寻找思想资源和解决之道的初衷，对诸如"市场、竞争与人类福祉""私有财产与市场秩序""政府与法治""民主、法治与自由"以及"法治、自由与道德"等哈耶克诸多既有思想进行了全面重读性阐释，最后从哈耶克的道德观角度看待了中国商业伦理的重建。韦森的重读极富新意，对我国学界思想启蒙贡献巨大。值得一提的是，韦森在哈耶克研究过程中，注意到了格雷对哈耶克的"背叛"，在论文《约翰·格雷对哈耶克的全面挑战》⑤中深入分析了格雷对哈耶克思想的三个挑战："哈耶克的'自发社会秩序'

---

①高全喜.宪法、民主与国家——哈耶克宪法理论中的几个问题[J].清华大学学报（哲学社会科学版），2006（5）：122-136.

②高全喜.哈耶克主义与中国语境[J].博览群书，2008（2）：17-23.

③高全喜.哈耶克主义与中国语境[J].博览群书，2008（2）：17-23.

④韦森.重读哈耶克[M].北京：中信出版社，2014.

⑤韦森.约翰·格雷对哈耶克的全面挑战[J].战略与管理，2001（3）：117-120.

理论及其认识论基础均是错误的"[1]; "哈耶克误解了资本主义的原生过程"[2]; "哈耶克的社会理论对转型经济各国的改革没有任何理论和实践意义"[3]。更为重要的是,韦森也非常注重哈耶克思想与中国语境的结合,先后撰写了《从哈耶克自发社会秩序理论看中国社会的历史变迁》《哈耶克商业周期理论给中国的启示》[4]等多篇学术论文,深入细致探讨了哈耶克保守自由主义对我国的启示。

北京航空航天大学秋风(本名姚中秋)教授也是国内哈耶克研究的重量级学者,长期从事古典自由主义理论和奥地利学派经济学研究,对哈耶克自由主义思想尤为赞赏。由于其经济学专业背景出身,使得其对哈耶克研究及其思想的研究多是从经济学视域入手,"以自由主义的基本理论解读哈耶克,从哈耶克理论中提取一些与自由主义价值相关联的自由观、法治观、市场经济理论、自发秩序观等,并加以发挥"[5]。秋风对哈耶克的研究既有对国外哈耶克研究成果的译作,如萨丽的《哈耶克与古典自由主义》[6]、艾伯斯坦的《哈耶克传》[7],也有自己对哈耶克的研究专著,代表性成果当数《漫说哈耶克》[8]。通过此书,秋风"以时间为经,以历史和轶事为纬",用通俗风趣的风格介绍了"哈耶克的老师们""哈耶克这个人""哈耶克的朋友们""哈耶克的论辩对手们"以及哈耶克对中国的影响。可以说,这是一部能够帮助我们彻底了解哈耶克本人及其思想的上乘作品。

---

①韦森.约翰·格雷对哈耶克的全面挑战[J].战略与管理,2001(3):117-120.
②韦森.约翰·格雷对哈耶克的全面挑战[J].战略与管理,2001(3):117-120.
③韦森.约翰·格雷对哈耶克的全面挑战[J].战略与管理,2001(3):117-120.
④本文系作者纪念哈耶克逝世20周年专论系列文章之一,原载《华尔街日报》。
⑤孙国东.哈耶克与新自由主义——哈氏思想在中国的引介、传播及其影响[N].中华读书报,2009-12-9.
⑥[美]拉齐恩·萨丽.哈耶克与古典自由主义[M].秋风译.贵阳:贵州人民出版社,2003.
⑦[英]阿兰·艾伯斯坦.哈耶克传[M].秋风译.北京:中国社会科学出版社,2003.
⑧秋风.漫说哈耶克[M].北京:中信出版社,2013.

（三）国内外学者相关研究评析

实际上，国外学者对哈耶克思想的研究成果远不止于上述作品，无论是著作类研究，还是传记类研究，又或者是文集类研究尚有诸多未尽之成果。如在著作类研究方面，裴苏拉（Petsoulas）在其著作*Hayek's liberalism and its origins*①中将哈耶克与曼德维尔、休谟、史密斯进行了比较，批判了哈耶克文化进化论，探讨了哈耶克为自由主义辩护的强大根基；杰克·伯恩（Jack Birner）和鲁迪·范·泽普（Rudy van Zijp）在合著的*Hayek and the Keynesian avalanche*②中对哈耶克与凯恩斯的思想分歧做了论述，对双方不同主张的原因做了揭示。在传记类研究方面，罗伯特·利森（Robert Leeson）在其所写的*Hayek——Influences from Mises to Bartley*③中试图从各种角度整合哈耶克生活、工作以及对世界历史进程的影响。在文集类研究方面，尚有Chiaki Nishiyama和Kurt R.Lmbe一起合编的《哈耶克的基本思想》④。另外，其实在具有参考价值的学术论文方面，对哈耶克思想研究的成果也非常可观，代表性文章有：威廉·博格特（Baumgarth，W.）的《哈耶克的政治哲学》⑤；凯文·霍依（Hoy，C.）的《哈耶克自由的哲学》⑥；阿瑟·赛尔顿（Seldon，A.）的论文《哈耶克论自由和自由主义》⑦等。国外学者对哈耶克及其思想的研究，不但使我们深刻领略了哈耶克的思想精髓，而且一些学者的批判性态度及观点成果也让我们对哈耶克

---

①Petsoulas，Hayek's liberalism and its origins [M]. London and New York：Routledge，2001.

②Jack Birner and Rudy van Zijp，Hayek and the Keynesian avalanche [M]. London and New York Routledge，1994.

③Robert Leeson，Hayek——Influences from Mises to Bartley [M]. New york：Palgrave Macmillan，2013.

④The Essence of Hayek，edited by Chiaki Nishiyama，Kurt R.Lrube，Stanford [M]. Calif：Hoover Institution Press，Stanford University，1984.

⑤Baumgarth，W.The Political Philosophy of F. A. Hayek [D]. Harvard University Ph. D. Dissertation in Government. Cambridge，Mass：1976.

⑥Hoy，C.Hayek's Philosophy of Liberty[D].Columbia University Ph.D.Dissertation：1982.

⑦Seldon，A.Hayek on Liberty and Liberalism [J]. Contemporary Review，200（1961）：399‐406.

思想的研究过程获得了"广角看世界"的效果。

国内关于哈耶克的研究者及其成果实际也远不止于此，尚有诸多研究论著也极具价值。如作为华人界为数不多的哈耶克亲传弟子周德伟，既是一位自由主义者，也是一位现代儒生。他在充分理解其师哈耶克自由思想基础上将自由主义与中国传统文化的"义理"与"精神"相融合，在哈耶克自由思想的研究道路上走出了一条"文化进路"，形成重要论著《周德伟论哈耶克》。在他看来，他的老师哈耶克一直以来"所捍卫之传统，并不是具体的英国语境下之传统，而是一种一般意义上的传统，也即任何一个社会中，在无数代人的行动中自发的生成的正当行为规则，即习惯和道德规范"①。再如，我国台湾政治大学何信全教授也是从哲学角度研究哈耶克的早期学者之一，在其著作《哈耶克自由理论研究》中，从"哈耶克的思想背景"②、哈耶克自由思想的"理论基础"③、"自由及相关概念"④、哈耶克的"法治"思想以及哈耶克关于"自由与市场经济"⑤的有关论述等多个层面比较全面而系统地阐述了哈耶克自由思想。再如，著名经济学家汪丁丁教授对哈耶克研究也颇有建树，主要有两方面：一是他对哈耶克著作《感觉的秩序》一书所做的导读上，在导读的最后他总结说，哈耶克眼中之人之理性是有限的，基于人的这种有限理性，人根本不可能存在和具备纯"客观"知识，能有的只能是被哈耶克所称之为主体间的"客观"知识过程；二是他对"扩展秩序"这一哈耶克自由主义核心概念所做的经典分析，他看到了哈耶克将构成个人自由和尊重他人自由的道德观念的基础归结为财产权利。国内学者对哈耶克的研究，帮助我们更清晰地把握了西方自由主义的真实面貌，推动了东西方文化的碰撞与交流，也为我们进一步研究哈耶克自由理论提供了丰富而扎实的理论积淀。

①周德伟.周德伟论哈耶克[M].北京：北京大学出版社，2005：15.
②何信全.哈耶克自由理论研究[M].北京：北京大学出版社，2004：4.
③何信全.哈耶克自由理论研究[M].北京：北京大学出版社，2004：4.
④何信全.哈耶克自由理论研究[M].北京：北京大学出版社，2004：4.
⑤何信全.哈耶克自由理论研究[M].北京：北京大学出版社，2004：4.

二、马克思自由思想研究状况述评

自由问题是人类的一个古老命题，也是哲学的一个中心问题。这个"老而又老、新而又新"的自由问题，一直以来就是哲学史上如同镌刻在古老岩石之上的那个永恒的"斯芬克斯之谜"。因此，对自由问题的解答同样也是马克思自始至终的理论关切，甚至可以说，对自由问题的解答和对实现自由的探寻是马克思主义哲学的理论使命和精髓所在。人类进入21世纪，有关自由的话题同每个人的生存与发展变得越来越紧密，深入细致探讨马克思自由思想不仅是学术研究的需要，更是解答时代重大问题、指导人类争取更大自由和解放的需求。围绕马克思自由思想，国内外思想家们和学者从不同价值立场、多维度进行了长期大量探索，形成极具价值的研究成果汗牛充栋。

（一）国外学者研究状况

围绕自由问题，国外学者（主要是现当代西方哲学家）进行了长期不懈的探索，形成了大量来自政治、经济、心理、法律等不同维度的自由见解。与此同时，他们对马克思的自由思想也做了不同程度的研究，形成了众说纷纭、褒贬不一的研究文献和理论成果。其中，不乏合理性见地，但也存在很多误解、批判甚至是诘难。无论是正面的认可、维护和发展，抑或是负面的误解、批判和诘难，国外学者的研究为后人对马克思自由思想的学术探讨拓展了空间视界，深化了理论张力。在马克思及其自由思想研究的众多国外哲学家中，以埃里希·弗洛姆（Erich Fromm）、雷娅·杜娜叶夫斯卡娅（Raya Dunayevskaya）、卡尔·雷蒙德·波普尔（Karl Raimund Popper）、伯尔基（R.N.Berki）、卡罗尔·C·古尔德（Carol C.Gould）等人的研究最具代表性，也最具影响力。

美籍德国人本主义哲学家、精神分析心理学家埃里希·弗洛姆是关于马克思及其自由思想的著名研究者，所形成的研究成果也特别丰富而殷实，对相关理论解析也是"入木三分"，成为"西方马克思主义"最重要学派——法兰克福学派的代表性人物。弗洛姆对马克思自由思想的研究成果的代表性力作就是《马克思关于人的概念》（*Marx's Concept of Man*）。在书中，弗洛姆延续了马克思的自由思想，尤其是马克思人道主义的存在主义。身为人本主义哲学家的他坚持"以人为中心"，立足对抽象哲学的批判，同资本主义世界划清了界限，揭示出资本主义社会对人性的扭曲和人的自由的异化，与马克思实现自由的社会实践进路保持了一致性。应该说，弗洛姆的研究坚定维护了马克思主义的基本立场，充分肯定了马克思自由思想的科学性与合理性，他看到，"马克思的哲学是一种抗议；这种抗议中充满着对人的信念，相信人能够使自己得到解放，使自己的潜在才能得到实现"[①]，这种坚定的信念就是坚信人一定能够让自己得到解放并一定能够使自己的潜在才能得到实现。另外，弗洛姆在书中也对形形色色歪曲和误解马克思的概念的错误观点进行了纠正和澄清，如针对有人将马克思的唯物主义视作具有"反精神的倾向"这一错误看法，弗洛姆指出，马克思探索人类自由的目的就是"使人在精神上得到解放"[②]。在对马克思及其自由思想的研究过程中，总体上弗洛姆保持着积极维护与赞赏的姿态。

美国著名学者雷娅·杜娜叶夫斯卡娅是马克思研究的又一重量级人物，她是最早注意到马克思《1844年经济学哲学手稿》的价值并将其介绍给美国读者的学者。杜娜叶夫斯卡娅对马克思研究的代表性成果就是被称为"革命三书"第一部的《马克思主义与自由》（*Marxism and Freedom*）。杜娜叶夫斯卡娅站在人类拥有向往自由的激情这一基本面上，考察了马克思主义同"自由"之间的内在关系，并凭借"自由"这一纽带更加紧密地将马克思与黑格尔关联在一起。而且，杜娜叶夫斯卡娅还对斯大林、赫鲁晓夫等人歪曲马克思主义人道主义方向的事实进行了严厉批评，指出苏联是用财产公有制取代私有制，是对人民自由权利的剥夺和欺

---

①[美]弗洛姆.马克思关于人的概念[M].涂纪亮，张庆熊译.台北：南方丛书出版社，1987：前言.
②[美]弗洛姆.马克思关于人的概念[M].涂纪亮，张庆熊译.台北：南方丛书出版社，1987：前言.

骗。这种诠释从另一个角度纠正了西方一些资产阶级学者和政治家借斯大林问题而否定马克思主义的错误行径，证明了马克思主义本身并没有错，认为"只是苏共的领导背叛了马克思主义"①。总体而言，在杜娜叶夫斯卡娅眼里，马克思一生为之奋斗的原则就是人类自由。

作为西方最具影响力哲学家之一的卡尔·雷蒙德·波普尔，其思想发展同马克思的邂逅密不可分，波普尔由此也成为众多马克思研究者当中的一位重要学者，相关研究集中呈现于其所著《开放社会及其敌人》（*The Open Society and Its Enemies*）这部著作中。总体而言，波普尔是一位马克思主义的批判者，但其个人对马克思是怀有深厚敬意的，他评价马克思是一位天才的哲学家，并肯定了马克思不同于空想社会主义的思想观点。正如其所言，"马克思主义的人道主义动机是无可怀疑的……马克思做出了真诚的努力将理性方法应用于社会生活最迫切的问题……他并没有白费心血……"②，足以窥见波普尔个人对马克思的崇敬之情。但波普尔本身就是一位批判理性主义者，他的"证伪主义"强调，作为科学不可或缺的一个重要特征就是可证伪性，经验观察必须以理论作为指导，但理论本身又是可以被证伪的。因此，他对马克思的研究也遵循了这样一种"证伪主义"路径，立足于开放的宇宙观和批判理性主义，用"谨慎理性"代替了"理性自负"，尤其对马克思的历史决定论做出了尖锐批判。他认为，"马克思主义是一种纯粹的历史理论，一种旨在预测经济和政治的发展的未来进程，尤其是预测革命的未来进程的理论"③。而在他看来，任何科学或其他理性手段都不可能对人类历史做出准确预见。另外，借由苏联模式失败这本"反面教材"，波普尔片面地将苏联社会主义运行中的局限与弊端错当作马克思关

---

① [美]雷娅·杜娜叶夫斯卡娅.马克思主义与自由[M].傅小平译.沈阳：辽宁教育出版社，1998.

② Karl Popper, The Open Society and Its Enemies [M]. London：Routledge and Kegan Paul, 1954：81-82.

③ [英]卡尔·波普尔.开放社会及其敌人（第二卷）[M].陆衡等译.北京：中国社会科学出版社，1999：142.

于社会主义思想的原像，武断地否定了社会主义制度下的人的自由。

英国学者伯尔基于1988年出版的《马克思主义的起源》（*The Genesis of Marxism: Four Lectures*）一书，是他对马克思研究的代表性著作。全书立足于欧洲思想中的两种基本视角——超越性视角与理解性视角相统一的基调，按照马克思主义在欧洲传统中的受精、孕育、成形和结实"生命周期"的四个阶段，对马克思主义的起源做出了新阐释。在伯尔基看来，起源问题是马克思主义研究的一个重要理论问题，"马克思主义属于欧洲政治思想和社会理论的主流，因此，进入马克思的思想（它是马克思主义的本质核心）的最佳途径，是研究它在这一母体中的起源"[①]。很显然，伯尔基将马克思主义的起源从根本上归结为欧洲政治思想和社会理论的主流传统，这一基本观念贯穿于《马克思主义的起源》全书。然而，伯尔基却又认为，马克思主义尽管属于欧洲主流传统但又不羁绊于欧洲主流传统，"马克思的思想中最本质的东西，恰恰在于其激进性和新颖性，在于其彻底的'革命'特征，它们反对并驳斥着欧洲的主流传统中那些基本价值和组织观念"[②]，伯尔基的这一见解是客观合理的。但是他又认为，马克思主义的孕育同自由主义密切关联，欧洲自由主义政治观念、社会观念以及哲学观念等三个基本观念直接呈现于马克思主义的孕育形成中，"马克思主义确实发源于自由主义，它采纳并改编了自由主义的价值和总体看法，而且，如果没有自由主义这一广阔背景，马克思主义将是不可思议也不会存在"[③]。英国学者伯尔基的这种将自由主义认定为马克思主义思想的理论来源的见解显然是片面的，而且也有悖于马克思本人的想法。不管怎样，伯尔基的研究为后人深化马克思主义起源和本质的认识研究带来了不少启发。

美国女哲学家卡罗尔·C·古尔德是马克思研究的又一代表性学者。1978年，古尔德在认真研读马克思《1857—1858年经济学手稿》基础上

---

①[英]伯尔基.马克思主义的起源[M].伍庆，王文扬译.上海：华东师范大学出版社，2007：3.
②[英]伯尔基.马克思主义的起源[M].伍庆，王文扬译.上海：华东师范大学出版社，2007：3-4.
③[英]伯尔基.马克思主义的起源[M].伍庆，王文扬译.上海：华东师范大学出版社，2007：50.

形成的《马克思的社会本体论》（*Marx's Social Ontology: Individuality and Community in Marx's Theory of Social Reality*）一书出版，这是对马克思思想体系的整体性哲学重建，也是一部存在较少英语哲学传统偏见的马克思自由观研究的作品，成为当代西方马克思主义思潮的又一重要文献。古尔德在书中围绕"社会""劳动""自由"以及"正义"等四大主题，分章节探讨了包括"社会本体论""劳动本体论""走向因果的劳动理论""自由本体论"和"正义本体论"[①]等五大主题在内的马克思自由本体论思想。其中，古尔德全书的第四章——"自由本体论"实际上就是对马克思自由概念的探讨，尤其是专门对马克思的自由观与强调没有外在强制的传统自由观进行了对比和区分。另外，古尔德在全书导言中就提出"一个理解马克思的新途径"[②]，这便是把马克思"看作为亚里士多德、康德和黑格尔传统中的一个伟大的系统哲学家"[③]，进而考察了马克思自由思想同黑格尔以及康德这些哲学家的内在关联，对"前提性质的自由"与"目的性质的自由"进行了细致的比对区分。古尔德就此指出，"自由变成了我们活动的前提和产物、价值的源泉和作为目的本身的最高价值，即'一个创造性的、自我超越的、历史性的、自我实现的'社会过程，这个过程说明了历史的更新"[④]。

（二）国内学者研究状况

马克思自由思想早在19世纪中叶就已经诞生，但于彼时正集内忧外患于一身的近代旧中国而言，根本无暇顾及、无力顾及、也不允许顾及这一

---

①[美]古尔德.马克思的社会本体论：马克思社会实在理论中的个性和共同体[M].王虎学译.北京：北京师范大学出版社，2009.

②[美]古尔德.马克思的社会本体论：马克思社会实在理论中的个性和共同体[M].王虎学译.北京：北京师范大学出版社，2009：Ⅺ.

③[美]古尔德.马克思的社会本体论：马克思社会实在理论中的个性和共同体[M].王虎学译.北京：北京师范大学出版社，2009：Ⅺ.

④乔治·埃拉德，莱尔德·阿迪斯.如何阅读和重释马克思——卡罗尔·古尔德《马克思的社会本体论》的评论[J].王虎学译.贵州师范大学学报（社会科学版），2020（6）：10-15.

伟大的、解放全人类的自由思想。直至20世纪初，马克思自由思想才终于真正进入近代中国，成为指导近代中国谋求救国图存、促进近代中国社会变革的一个重要理论支柱。1919年，《新青年》刊登了一篇文章——《我的马克思主义观》，作者正是"中国第一位马克思主义者"——李大钊先生。此文一出，马克思主义在中国迅速传播开来。初入中国的马克思主义也因此文，其传播速度与广度得到了极大的促进和延展，马克思主义尤其是其有关自由思想从此开始映入我国学者视线。近一百年来，国内各界学者对马克思主义进行了大量研究，形成了大量研究成果，而对马克思自由思想的研究，则主要集中于21世纪。其中，以俞吾金、陈刚、张成山等学者的研究最为经典，也最富代表性。

复旦大学俞吾金教授是国内学界马克思研究的权威人物，《实践与自由》一书是其对马克思研究的代表性研究成果。书中依照"马克思哲学的理论背景""马克思哲学的深度阐释"以及"马克思哲学的当代启示"等三大主题体例，将其多年来关于马克思哲学研究的30篇论文编排其中，成为当代国内马克思主义研究的重要文献。在第一大主题"马克思哲学的理论背景"中的第五章，俞吾金从康德与马克思相对照的角度探讨了实践观与自由观问题。其实，在俞吾金眼中，马克思的自由观与康德哲学是有着必然关联的，在此书前言中他就已提出，"康德是通向马克思的桥梁"[1]。因此，俞吾金认为，"正是因为马克思继承并维护了康德的自由理念，才使之得以成立"[2]。对于这一点，他在《论马克思对西方哲学传统的扬弃》一文中也有阐释，"要正确地领悟马克思语境中的实践概念和自由概念的含义乃至马克思哲学的本质，就要认真地反省西方哲学，特别是康德哲学的传统，并阐明马克思是如何批判地继承这一传统的"[3]。俞吾金教授认为，应在两种关系

---

①俞吾金.实践与自由[M].武汉：武汉大学出版社，2010：1.

②俞吾金.实践与自由[M].武汉：武汉大学出版社，2010：17.

③俞吾金.论马克思对西方哲学传统的扬弃——兼论马克思的实践、自由概念与康德的关系[J].中国社会科学，2001（3）：18-25.

中把握康德的自由概念：首先是在人与自然界的关系中，这属于认识论范畴；其次是在人与社会的关系中，这属于本体论范畴。俞吾金教授进而指出，其实属于认识论范畴的人与自然界之间的关系与"自由"的论题是无关的，这是"因为，首先人必须服从自然必然性，但是人对自然必然性的认识的深入却并不意味拥有更多的自由。否则，自然科学家将会是世界上最自由的人。所以，康德认为只有在本体中才会涉及真正的自由问题"①。由此，他认为传统哲学教科书将自由普遍解释为对自然必然性的认识的做法其实根本没有涉及自由的概念。

国内学者陈刚对马克思自由思想有专门研究，而且这种研究与他对古尔德《马克思的社会本体论》部分章节的翻译经历有着某种联系。或许是受古尔德启发，陈刚1985年硕士毕业论文的题目就是与其1996年所出版著作同名的《马克思的自由观》。《马克思的自由观》是国内少有的、专门针对马克思自由思想进行全面系统研究的马克思主义研究代表性力作。"从解释的主导范式或研究的理论视野看，陈刚的研究都有别于传统的辩证唯物主义反映论自由观，而恢复了原本马克思毕生坚持的实践唯物主义自由观"②。在研究过程中，他本着"把科学的东西同价值的东西结合""把哲学研究同经济学、科学社会主义理论的研究结合""把前期与后期结合"以及把"'六经注我'与'我注六经'"③结合的"四结合"方法，动态考察、完整把握了马克思自由思想的哲学内涵以及超越时空所限的巨大理论价值。与此同时，他在书中回顾了欧洲哲学史上的自由观，并认为马克思自由观是对传统自由观的批判和扬弃，然后从实践与自由、必然与自由、真善美与自由、人的本质与个性自由等各个视角解析和阐释了马克思自由观的科学内涵。

吉林大学张成山博士也是国内马克思研究者当中较具代表性的一位学

---

① 俞吾金.实践与自由[M].武汉：武汉大学出版社，2010：19.
② 刘怀玉.呼喊自由的哲学——评陈刚《马克思的自由观》[J].学海，1999（6）：168-169.
③ 陈刚.马克思的自由观[M].郑州：河南人民出版社，1996.

者，其在博士论文基础上形成的著作《历史与自由——现代性视野中马克思自由观的哲学反思》就是立足于现代性的时代视野，也就是说，立足于由启蒙运动所开创的经"理性"而获取"人的独立性"的时代状况，以及由资本主义发展而引发的民主政治诉求，对马克思哲学的自由观进行了深入反思。张成山在书中结合史料系统梳理并揭示了自由在近代以来的重要演变以及马克思转换自由内涵的基本原因，从而在逻辑上论证得出：马克思自由观是对以往自由认知的超越，是对自由的一种创新性阐释。马克思的这种创新性阐释的自由观，张成山如是概括道，"从全部现代性的视野出发，马克思的自由观应该被理解为'历史自由观'"①。马克思的历史自由观，主要是相较于德国古典哲学的自由观而言的。德国古典哲学强调自由是一种纯粹理性自我运动的理性自由观，而马克思则扬弃了"理性"诉诸了"历史"，将人类自由问题置于人类历史活动中加以考察，而非置于抽象人性中加以考察。张成山关于马克思历史自由观的分析和见解为我们准确把握、深刻理解马克思的自由理论提供了可贵理论借鉴。

（三）国内外学者相关研究评析

以上国外学者对马克思及其思想研究的代表性梳理并非全部，实际上尚有诸多对马克思及其思想的研究者。如波兰学者Ａ·瓦里斯基对马克思的自由概念也有专门研究，"把它们与对自由的自由主义概念（我认为，它与'自由'这个词的既定的、通俗的意义更为接近）相对照，最后（但并非最不重要的）指出马克思的观点中的强点和弱点"②。英国当代思想家特里·伊格尔顿（Terry Eagleton）在其著作《马克思为什么是对的》③中，对当前中西方反马克思主义的许多观点进行了反驳。他认为，马克思

①张成山.历史与自由——现代性视野中马克思自由观的哲学反思[M].北京：清华大学出版社，2014：前言.

②[波兰]Ａ·瓦里斯基.论马克思的自由概念[J].顾伟铭译.哲学译丛，1983（1）：6.

③[英]特里·伊格尔顿.马克思为什么是对的[M].李杨，任文科，郑义译.北京：新星出版社，2011.

是一位极富教养且关心人类民生疾苦的人，马克思终其一生倾尽全部心血的初衷使命就是让全人类都能够拥有和实现自由。这种发人深省、掷地有声的辩护，为后人进一步正确认识和理解马克思自由思想提供了新视野。英国哲学家以赛亚·伯林（Isaiah Berlin）在其著作《自由论》（*Liberty: Incorporating Four Essays on Liberty*）中批判了被他视作"并非真正自由"的"积极自由"，并将马克思的自由思想划归为"积极自由"类自由。而且，值得一提的是，哈耶克作为一名"百科全书式"的思想大家，他对马克思的自由思想自然也有深刻研究，尽管两人的思想根基同源于西方文化、价值目标同归于追求人类自由，但却走了不同的学术理路。哈耶克认为马克思对资本主义与自由关系的判断有失偏颇，真正的自由是把外界对自己的限制减小到最低状态的个人自由。上述国外学者关于马克思及其思想研究的相关论断与观点，可能不一定全部科学而准确，甚至也有不少对马克思及其思想的诋毁、误判误解乃至巨大错误。尽管如此，但这类相关研究都能为后人深入开展马克思自由思想研究提供诸多非常难能可贵的有益启发、开辟广阔的研究视野空间。

就国内学者研究而言，国内对马克思自由思想的研究者也远不止于上述学者，多维度、多领域的研究者尚有众多，也形成了大量的既有专著类也有论文类的研究成果和学术资源。从专著类成果看，吉林大学张剑抒博士的专著《马克思自由思想及其当代境遇》①从哲学视域阐释了马克思自由观的相关思想论旨，对当代西方哲学界那些挑战和诘难马克思自由观有关自由思想的学者们的观点与做法做出了有效回应，在回应的基础上证立了马克思自由观有关自由思想论旨的合理性、先进性与科学性；韩庆祥教授与亢安毅博士的合著《马克思所开辟的道路——人的全面发展研究》②立足于马克思"人的自由全面发展"理论系统论述了人的全面发展；李金霞

---

①张剑抒.马克思自由思想及其当代境遇[M].北京：群言出版社，2008.
②韩庆祥，亢安毅.马克思所开辟的道路——人的全面发展研究[M].北京：人民出版社，2005.

博士的专著《马克思自由时间理论》①历史性地围绕马克思关于自由时间理论的理论来源、形成及其发展进行了细致的梳理，深入分析了自由时间理论内涵及其价值，全面考察了自由时间与资本主义和未来社会的关系，并对马克思自由观中的自由时间思想的当代意义做了前无古人的开拓性挖掘。从论文类成果看，张三元教授的研究成果最为可观，他将马克思自由观分四个不同主题进行了研究，形成《论马克思关于自由的三种形态》②《论马克思自由观的三个核心范畴》③《马克思自由伦理的四重意蕴》④以及《马克思自由观的逻辑进路》⑤等四篇论文。刘同舫的文章《马克思对古典自由主义的反思与建构——基于〈黑格尔法哲学批判〉的考察》⑥、姚大志教授的文章《分析的马克思主义与当代自由主义——罗默的自由主义批判》⑦、贺来教授的文章《一种批判性的"自由思想"——马克思哲学观的灵魂和核心》⑧、白刚教授的文章《马克思的"自由三部曲"》⑨、李佃来教授的文章《马克思政治哲学中的自然与自由》⑩、王南提教授的文章《马克思的自由观及其当代意义》⑪以及商继政的学位论

①李金霞.马克思自由时间理论[M].北京：当代世界出版社，2011.

②张三元.论马克思关于自由的三种形态——马克思自由观研究之一[J].学术界（月刊），2012（1）：56-68.

③张三元.论马克思自由观的三个核心范畴——马克思自由观研究之二[J].中南民族大学学报（人文社会科学版），2013（2）：170-175.

④张三元.马克思自由伦理的四重意蕴——马克思自由观研究之三[J].安徽师范大学学报（人文社会科学版），2014（3）：285-292.

⑤张三元.马克思自由观的逻辑进路——马克思自由观研究之四[J].西南民族大学学报（人文社会科学版），2015（3）：64-70.

⑥刘同舫，李艳.马克思对古典自由主义的反思与建构——基于《黑格尔法哲学批判》的考察[J].学术界，2019（1）：21-28.

⑦姚大志.分析的马克思主义与当代自由主义——罗默的自由主义批判[J].华中师范大学学报（人文社会科学版），2018（1）：79-85.

⑧贺来.一种批判性的"自由思想"——马克思哲学观的灵魂和核心[J].哲学动态，2003（1）：2-6.

⑨白刚.马克思的"自由三部曲"[J].山东社会科学，2018（2）：30-34.

⑩李佃来，陈权.马克思政治哲学中的自然与自由[J].江汉论坛，2015（6）：45-49.

⑪王南提.马克思的自由观及其当代意义[J].现代哲学，2004（2）：1-9.

文《马克思自由观研究》[①]等，均从不同方位和领域对马克思的自由思想进行了深入研究。国内学者的研究无疑是马克思主义中国化过程中的重要理论成果，也使得马克思自由观研究的进一步向前发展获得了丰富的理论素材。

三、立足马克思自由观视域对哈耶克自由理论的研究状况述评

（一）立足马克思自由观视域对哈耶克自由理论的研究状况

无论是哈耶克，抑或是马克思，对这两位哲学巨匠自由思想的研究从来不乏其人，但将二人自由思想结合在一起研究的著作和论文却门可罗雀，于国外学界而言，更是鲜有这类成果。立足于马克思自由观视域对哈耶克自由理论展开的相关研究成果，主要呈现于我国国内。总体而言，依据研究进路不同，国内将哈耶克自由理论与马克思自由观融于一体研究的既有文献成果大致可分为两类：一类是"比较式"研究；另一类是"评判式"研究。

一是"比较式"研究类成果

"比较式"研究，即将马克思和哈耶克及其自由思想放在一起，在比较中得出研究性结论。代表性研究成果有南开大学阎孟伟教授的《个人主义、个人自由与自由秩序——简评哈耶克自由理论与马克思自由理论的原则区别》[②]。这是一篇理性而又中肯地将哈耶克自由理论置于马克思自由观视域加以比较研究的高品质论文。文章从哈耶克所区分的"真正的个人主义"与"理性的个人主义"这两种"个人主义"的阐释出发，详细分析了哈耶克"真正的个人主义"下的"个人自由"的"自由"所指，揭示了哈耶克自由观所追求的自由和平等仅仅是"法律上的、形式上的自由和平

---

①商继政.马克思自由观研究[D].博士学位论文，电子科技大学，2012.

②阎孟伟.个人主义、个人自由与自由秩序——简评哈耶克自由理论与马克思自由理论的原则区别[J].新视野，2009（4）：67-70.

等"①的真实面目，而马克思自由观所追求的自由和平等不只是停留于哈耶克的主张层面，更是要将自由和平等彻底实现的"事实上的、实质上的自由和平等"，这也恰恰构成两者自由观的原则性区别。当然，阎孟伟教授并非抓住"区别"而对哈耶克自由理论缺陷加以纯粹批判，而是辩证地肯定了哈耶克"形式自由"的合理性，并与马克思"实质自由"相结合，提出了建构与我国社会主义市场经济相适应的政治秩序的两条原则，即既要"在政治上和法律上全面确认和维护个人的基本权利"②，又要"依据'共同富裕'的目的和'人类解放'的价值目标，合理地调节社会利益的分配格局"③。湖南工学院胡余清教授的《马克思与哈耶克自由观之比较》④一文，是一篇较为系统而全面地比较哈耶克与马克思自由思想的论文。他从"关于人类理性的分歧""关于自由秩序的分歧""关于自由基础的分歧""关于经济与政治理论观点的分歧"等四个层面对哈耶克与马克思的自由思想进行对比分析，得出了两种自由思想"存在着根本的分歧"⑤的结论。宋碧琦的《马克思自由理论与哈耶克自由思想之比较》⑥一文，是近年来为数不多的，某种程度上讲也是至今最新的将哈耶克与马克思自由思想加以比较研究的文章。文章同样从"两者存在根本分歧"的前提出发，对哈耶克与马克思关于"自由的实质""实现路径""自由的目的"等三个层面加以对照分析，最后得出马克思自由观的三个"先进"特征："广泛性、真实性、辩证性。"⑦此外，尚有少数其他研究者对两者的自由思想也

①阎孟伟.个人主义、个人自由与自由秩序——简评哈耶克自由理论与马克思自由理论的原则区别[J].新视野，2009（4）：67-70.

②阎孟伟.个人主义、个人自由与自由秩序——简评哈耶克自由理论与马克思自由理论的原则区别[J].新视野，2009（4）：67-70.

③阎孟伟.个人主义、个人自由与自由秩序——简评哈耶克自由理论与马克思自由理论的原则区别[J].新视野，2009（4）：67-70.

④胡余清.马克思与哈耶克自由观之比较[J].广东社会科学，2008（5）：73-76.

⑤胡余清.马克思与哈耶克自由观之比较[J].广东社会科学，2008（5）：73-76.

⑥宋碧琦.马克思自由理论与哈耶克自由思想之比较[J].长江丛刊，2020（30）：137-138.

⑦宋碧琦.马克思自由理论与哈耶克自由思想之比较[J].长江丛刊，2020（30）：137-138.

做过比较研究，如夏慧敏和李连根的《马克思与哈耶克自由观辨异》①以及杨润的硕士论文《马克思自由理论与哈耶克自由思想比较研究》②等。

二是"评判式"研究类成果

"评判式"研究，即立足于马克思主义的视点来评价或批判哈耶克的自由观点。代表性研究成果有中国社会科学院周丹的《关于哈耶克自由观的三点反驳——从马克思主义的观点看》③一文，这是一篇立足马克思自由观对哈耶克自由理论展开"评判式"研究的典型论文。文章以哈耶克自由理论的核心主张——个人自由作为"靶心"，将这一核心主张所衍生出的如个人自由、"社会主义导致极权政治"④等系列思想论断作为评判对象，"从自由的合法性、根基性、价值性三重视角入手"⑤，分别进行了马克思主义自由观视域下的对哈耶克自由理论的全方位深刻反驳，并在此基础上形成了一些富有新意而又颇具建设性的评判性结论，如个人自由与社会秩序密不可分，根本不存在绝对自由；不存在泾渭分明的"消极自由"与"积极自由"；危害自由之"元凶"乃资本，唯有社会主义才能驾驭资本进而实现真正自由等。吉林大学孟亚凡的博士论文——《马克思主义哲学视野中的哈耶克自由观审视》⑥也是一篇系统的"评判式"研究成果。当然，文章对哈耶克自由理论的"评判"也是在与马克思自由观"对比"的基础上进行的，但总体上更具"评判式"研究特征。文章选取了"个人自由与社会正义""通往自由的路径"以及"新自由主义"等为两种自由思想所共同关涉的三个主题展开哈耶克与马克思的"理论对话"，并在每一

①夏慧敏，李连根.马克思与哈耶克自由观辨异[J].湘潭师范学院学报（社会科学版），2008（4）：1-3.

②杨润.马克思自由理论与哈耶克自由思想比较研究[D].硕士学位论文，西南政法大学，2017.

③周丹.关于哈耶克自由观的三点反驳——从马克思主义的观点看[J].甘肃社会科学，2014（6）：27-30.

④周丹.关于哈耶克自由观的三点反驳——从马克思主义的观点看[J].甘肃社会科学，2014（6）：27-30.

⑤周丹.关于哈耶克自由观的三点反驳——从马克思主义的观点看[J].甘肃社会科学，2014（6）：27-30.

⑥孟亚凡.马克思主义哲学视野中的哈耶克自由观审视[D].博士学位论文，吉林大学，2014.

主题"对话"之后，展开马克思主义哲学批判，最终客观冷静地提出，要明确哈耶克所主张的"自由"在当前我国社会主义价值观的践行中，"作为其中的一部分在社会主义政治建设和公共生活层面的重要作用，……构建中国特色社会主义自由观"[①]。另外，尚有其他研究者也有类似"评判式"研究成果，如中国社会科学院陈湘文的论文——《自觉自由是人类自由的前景——哈耶克自由观之批判》[②]，对哈耶克"自发性自由"的"缺陷"与"现实困境"分别进行了深入挖掘，在此基础上立足马克思的"自觉自由"，对哈耶克自由理论中关于理性滥用的担忧、"理性限制难题"等问题运用马克思主义的自由观点——做了解答。

（二）立足马克思自由观视域对哈耶克自由理论的研究状况评析

总体而言，立足马克思自由观视域对哈耶克自由理论的相关研究成果不似对"自由"这一主题的研究成果那样"多如繁星"，但国内学者既有相关研究成果已在一定程度上弥补了世界上将两种不同自由进路的自由思想综合研究的学术空白，并且综览这些成果，均能与我国社会主义国家的现实国情相结合，做到了既能客观理性看待哈耶克自由理论的固有缺陷，又能积极主动挖掘哈耶克自由理论的合理成分"为我所用"，具有较高学术与实践应用价值。同时，也为本研究开拓了思路，做出了垂范。略感不足的是，个别研究成果将过多精力置于"为批判而批判"的过程中，而对哈耶克自由理论的"合理成分"如何在新时代中国特色社会主义道路上、在建设高水平社会主义市场经济体制实践中的借鉴价值挖掘不够。

四、研究方法

研究方法，就是在某项研究中所使用的工具或手段，这是一种富含智

---

①孟亚凡.马克思主义哲学视野中的哈耶克自由观审视[D].博士学位论文,吉林大学,2014：Ⅱ.

②陈湘文.自觉自由是人类自由的前景——哈耶克自由观之批判[J].中共南京市委党校南京市行政学院学报，2007（4）：13-17.

慧的科学思维。科学的思维方法对认知世界、研究学术极为重要。本文就是立足马克思自由观视域，采用分析与综合相结合、历史与逻辑相统一的方法，对哈耶克自由理论以及马克思自由观的相关内容进行了全面而系统的研究。

（一）分析与综合相结合的方法

对于分析与综合相结合的研究方法，在早年间，作为马克思挚友、马克思主义创始人之一的恩格斯曾有过相关阐述。他讲道，"思维既把相互联系的要素联合为一个统一体，同样也把意识的对象分解为它们的要素"①。恩格斯在此实际上就是提出了一个严肃的事关科学研究方法的命题，这便是分析与综合。分析与综合是人的思维的两个基本功能，在科学研究中作用突出。所谓分析法，主要就是把事物和现象的整体分割成若干部分而加以认识和研究的一种思维方法；所谓综合法，主要就是把在分析阶段被割裂剖析过的事物和现象的各部分整合形成一个总体概念的思维方法。马克思与哈耶克的自由思想内容均恢宏丰富，笼统研究不仅不能获取其中精神实质，而且会将研究内容空心化。因此，本文对马克思和哈耶克二人各自的自由思想分别做了要素分析，挖掘二人自由思想的构成精髓，从微观化视域获得相对清晰的认知。在此基础上，将马克思与哈耶克的自由思想整合在一起，并以马克思自由观为"圆心"，画出对哈耶克自由理论中包含的若干自由原则与精神客观审视的"评析圈"。与此同时，找寻出马克思与哈耶克两种不同自由进路的内在逻辑关联。通过这种分析基础上的综合再审视，将哈耶克自由理论的贡献与局限予以客观呈现，进而挖寻出其对建设有中国特色社会主义市场经济、实现国家治理体系和治理能力现代化的若干重要启示和可供借鉴的价值。

---

① [德]恩格斯.反杜林论[M].北京：人民出版社，1970：39.

（二）历史与逻辑辩证统一的方法

人类历史上，"历史与逻辑辩证统一"这一研究方法的首位提出者就是著名德国哲学家黑格尔。在黑格尔看来，历史与逻辑必须而且也必然是一致的，"哲学在历史上的发展必须与逻辑哲学的发展相一致"[①]。科学理论并非凭空而成的主观臆造，而是客观存在的对照生成。因此，理论系统的逻辑轨迹也应是客观对象发展进程的历史轨迹，二者交相辉映。对此，恩格斯也有同样的判识："历史从哪里开始，思想进程也应当从哪里开始，而思想进程的进一步发展不过是历史过程在抽象的、理论上前后一贯的形式上的反映；这种反映是经过修正的，然而是按照现实的历史过程本身的规律修正的……"[②]可见，历史与逻辑相辩证统一的方法是开展科学研究，尤其是哲学研究不可或缺的重要方法。历史，主要是指客观事物发展的过程或人类认知的过程；逻辑，主要是指对客观事物发展历史过程或人类认知历史过程的理论概括与总结，或者可以讲，就是历史在理论思维中的再现。我们发现，无论是马克思实现全人类解放的自由观，抑或哈耶克强调的不受他人强制的个人自由的自由理论，均经历了一个逐步发展直至成熟的思想运动过程。二者均是历史积累和学术沉淀的产物，也是人类追求自由历史长河中闪现的亮丽风景。追求"自由"的精神古希腊城邦时代即已有之，历经历史变迁，哲学家们对自由的理解和主张日益开阔，不同主张间出现的思想交锋也日趋激烈，甚至上升为不可调和的矛盾。马克思与哈耶克是近代以来两种不同自由理路下的两位杰出代表人物，前者遵循了"法国传统"（French Tradition），而后者则遵循了"英国传统"（British Tradition）。本书在写作方法上，正是将分析与综合相结合、历史与逻辑相统一的科学研究方法贯穿到了马克思与哈耶克有关自由思想的研究中。西方哲学史与政治哲学史是本研究的厚重历

---

①[德]黑格尔.哲学史讲演录（第1卷）[M].贺麟，王太庆译.北京：商务印书馆，1959：331.
②马克思恩格斯选集（第2卷）[M].北京：人民出版社，1995：43.

史素材背景，将分别分析得出的马克思与哈耶克的"原子性"自由要素还原到历史、再现到历史，实现了两种科学研究方法的有机无缝融合与衔接。

五、研究意义

（一）理论意义

哈耶克自由理论的相关观点与结论同现代资本主义运行机制高度契合，尤其是其对与市场经济密切相关的"自发秩序"的阐述更是给出了"市场"作为资源配置方式的源头性理论支撑，也由此体现出哈耶克作为自由主义一代宗师的伟大之处以及其思想的深邃之处。但是，哈耶克自由理论所秉持的自由思想主张本身也存在巨大的理论局限性，这种局限性的生成，或许是维系资本主义生产关系的产物，抑或是其理论前提自发推导的逻辑结果，均充满了内在矛盾性。如哈耶克立足于个人主义提出的"自发秩序"，主张作为市场主体的个人，要有能够依据自己意愿、判断和预期做出决定自己行为与否的自由权利，并且要运用法律工具确认和保障这种自由权利免受任何他人、组织或集团干预和侵犯，这正是市场经济条件下所要求的应有政治秩序，就此而言，具有合理性和进步性。然而，哈耶克看到的仅仅是形式上的、法律上的自由权利及其保障渠径，至于是否能真正确保这种自由和秩序的实现，并未引发哈耶克的深入思索，甚至对为解决类似问题所做出的其他理论和尝试均给予了公开反对。因此，对哈耶克自由理论中的进步成分与合理成分如何加以积极借鉴吸收，如何"取其精华、去其糟粕"，必须借助另一种强大的自由理论武器——马克思自由观加以批判审视，将两种不同自由进路的自由思想有机融合，从而从理论上推动完成哈耶克自由理论的未尽事宜，确保人类自由从形式层面向事实层面的真正实现。

（二）现实意义

当前，世界正面临百年未有之大变局！在这一大变局中，社会主义中国日益成长为世界上一支不可忽视的强大力量，成为大变局中的一大"变局"。与此相伴随的是，人类自由的两种实现道路——资本主义道路与社会主义道路你追我赶的步伐不断加快，激烈竞争的程度不断加强，摩擦冲突的可能不断加剧。在这一背景下，作为资本主义道路的忠实捍卫者——哈耶克及其自由理论，与作为社会主义道路的坚定维护者——马克思及其自由思想，在新时代再次成为实践关切焦点。作为人类自由文明思想史的两大自由思想成果，均有着强大的理论影响力和对现实实践的改造力，就理论价值本身而言，它们已超越意识形态边界、超越国别国界，是人类文明的共同智慧结晶。正如习近平总书记所言，"人类生活在同一个地球村里，生活在历史和现实交汇的同一个时空里，越来越成为你中有我、我中有你的命运共同体"[1]。人类实现自由，不只一条道路，无论哪种道路，最终都将走向人类命运共同体，这也是马克思自由观所希望看到的自由形态，即实现全人类的自由和解放。哈耶克自由理论固然有其局限，但其进步的成分也为世人所见，尤其是对已经全面开启社会主义现代化新征程的中国建设高水平社会主义市场经济体制而言，其有关市场经济的自由主张对我们正确地处理好"政府与市场"的关系问题的借鉴价值和启示意义十分巨大。因此，如何合理规避其局限，引导其成为推动人类实现自由，进而发挥其推动构建人类命运共同体的积极力量，正是本书研究的一大现实意义。

六、研究创新点

本书研究的创新点主要呈现为两方面：一是研究方法新；二是研究结

---

[1]推动构建人类命运共同体——关于新时代中国特色大国外交[N].人民日报，2019-8-14.

论新。在研究方法层面，对哈耶克自由理论与马克思自由观采用"分析与综合"相结合之法分别做了要素分析。其中，将哈耶克自由理论的要素解构成为"否定性自由""个人自由"和"自生自发秩序"等三个层面；将马克思自由观的要素解构成为"积极性自由""现实自由"和"实践自由"等三个层面。同时又运用"历史与逻辑"相结合之法将两种自由观还原到政治哲学史，分别进行了历史再现。在研究结论方面，通过研究得出，哈耶克自由理论与马克思自由观在关于人类自由的终极价值关怀上是一致的，都是谋求实现个人自由。而双方存在的诸多分歧，在很大程度上，集中呈现于实现自由道路与手段的差异。尽管二人的自由思想存在诸多差异与分歧，但能在诸多差异与分歧中挖掘这类现象背后的深层次矛盾并得出相应结论，这是本书的又一创新。

第二章 哈耶克自由理论的思想渊源

知识社会学（Social of Knowledge）创始人曼海姆（Karl Mannheim）有云："人类思想的产生与运作，并非在一社会真空之中，而来自特定的社会环境。"[①]意思即是，人类思想尤其是伟大思想是在"特定的社会环境"中形成的。这个"特定的社会环境"一方面是指思想家所处的时代环境，另一方面就是指"个人思想是接续前人在社会情景中的种种思想结果而来"[②]，否则，"只要思想的社会根源仍然模糊不清，思想即无法充分理解"[③]。因此，对哈耶克这样一位思想伟人的自由理论的探索，对其思想渊源的追溯是不可避开的一环。

一、奥地利经济学派

熟悉哈耶克者皆知，哈耶克不仅是一位政治哲学家，而且在经济学、法学、哲学、政治学、社会学等领域成就卓越。尤其值得一提的是，哈耶克在早期就是以一位经济学家的身份映入了世人视野，其第一部著作即为1929年出版的《货币理论与商业周期》，通过这本著作深刻分析了一个给定经济体的资本结构受信贷扩张的影响。本研究的主题——哈耶克自由理论，也正是源于其对计划经济的批判。可以讲，哈耶克的思想成就"博通

---

①Karl Mannheim, Ideology and Utopia: An Introduction to the Sociology of Knowledge[M]. trans. by Louis Wirth and Edward Shils, New York: Harcourt, Brace and World, 1936, p.80.

②Karl Mannheim, Ideology and Utopia: An Introduction to the Sociology of Knowledge[M]. trans. by Louis Wirth and Edward Shils, New York: Harcourt, Brace and World, 1936, p.3.

③Karl Mannheim, Ideology and Utopia: An Introduction to the Sociology of Knowledge[M]. trans. by Louis Wirth and Edward Shils, New York: Harcourt, Brace and World, 1936, p.2.

深邃，一以贯之，'气象笼罩着整个自由世界的存亡，思想概括着整个自由制度的经纬'"①。从此角度看，哈耶克自由理论的思想渊源较为复杂，似乎不太容易追寻，但事实却并非如此。哈耶克思想固然"博通深邃"，但"一以贯之"，这个"一以贯之"的东西便是其思想渊源所传承下来的思想精髓。古今中外思想家，其思想内容总会有某种程度的普遍性成分，这是思想之所以能超越时空限制而绵延至今的原因。同样，哈耶克对自由的审视之所以精辟独到、深刻犀利，与其"站在巨人的肩膀上"是分不开的。而在众多影响哈耶克的"巨人"中，奥地利经济学派的门格尔、米瑟斯位置显著。

（一）卡尔·门格尔的"边际效用价值论"及"门格尔难题"

卡尔·门格尔（Carl Menger）是奥地利经济学派创始人。1871年，其《国民经济学原理》出版，标志着奥地利经济学派形成。门格尔因此著作走入了维也纳大学，当时还有着公务员身份的他，在跟随鲁道夫王储数年之后，正式成为维也纳大学的一名教授。《国民经济学原理》出版后，有两位年轻的经济学家，一位是弗里德里克·冯·维塞尔（Friedrich von Wieser），另一位就是欧根·冯·庞巴维克（Eugen von Böhm-Bawerk），被其书中观点所深深吸引，成为门格尔不折不扣的"学术粉丝"。两年后，1873年，门格尔另一部有关方法论的著作——《经济学方法论探究》出版，无疑增强了门格尔经济学理论的吸引力。19世纪80年代，门格尔经济学理论在维塞尔与庞巴维克这两位"学术粉丝"的继承与发扬光大下，形成了一系列重量级经济学理论成果，引起国际经济学界高度重视。至此，奥地利经济学派已成为公认实体，三人也由此被称作"学派三杰"。且说哈耶克，1899年出生于奥地利的维也纳，在一战期间是一名陆军军官，战争结束后也进入维也纳大学学习，在大学最后一年投奔到维塞尔门

①林毓生.中国传统的创造性转化[M].北京：生活·读书·新知三联书店，1988：33.

下研习经济学，维塞尔也成为其最敬重的老师，以至于其亲口讲道，维塞尔是"一个出类拔萃的人，我渐渐十分爱戴他，作为一个年轻人，我这种对老师的爱戴是绝无仅有的。"①在学习中，哈耶克深受奥地利经济学派思想的影响。

门格尔对哈耶克的影响是多方面的，从哈耶克自由理论思想渊源的角度看，这种影响主要有两方面。其一表现为门格尔经济学中引入的"边际效用"原理所阐释的个体主义方法论。门格尔的"边际效用价值论"以价值概念分析为基础，明确提出"土地、劳动或黄金都没有内在价值，只有使用价值，而这种使用价值只能在其被使用过程中才能体现，使用过程又因人而异，因情势而异，所以，价值带有不确定的主观性质"②。可见，在门格尔眼里，价值与个人的主观评价相关联，不是所有商品都有价值。又或者可以讲，一种商品是否具有价值与其所能给个人带来效用的主观评价即使用价值息息相关。门格尔借此说明了个体经济行为的合理性以及近代经济交换的合理性。这一思想为哈耶克所深刻认同，"门格尔以个人基于明智之行为的一贯运用作为基石，建构复杂的市场结构之模型，可以说是其所谓原子或个体组成论之精髓，以后成为著名的'方法论上的个体主义'"③，其基本思想主张即所有活动的核心应是个人之价值、知识、行动与决策。

对哈耶克而言，门格尔对其产生的另一影响来自于"门格尔难题"的提出所引发的对自生秩序的思索，以及在货币起源理论基础上所形成的自生秩序理论。门格尔在注意到社会中的人们常常会实现一些并不在其本人意图之内的目的这一现象时，就开始思考究竟是什么力量产生这样的效应。如果是制度使然，那么"那些服务于公共福利并对其发展极端重要的制度，在并没有创建它的公共意志的情况下，是如何形成的"？④这即是

---

①[美]布鲁斯·考德威尔.哈耶克评传[M].冯克利译.北京：商务印书馆，2007：169.

②邓正来.规则·秩序·无知——关于哈耶克自由主义的研究[M].北京：生活·读书·新知三联书店，2004：581.

③何信全.哈耶克自由理论研究[M].北京：北京大学出版社，2004：12.

④Investigations into the Method of the Social Sciences with Special Reference to Economics, 1985：146.

有名的"门格尔难题"。针对这一"难题"，门格尔做出了自己富有见地的观点阐释，他认为"有些人把一切制度归功于积极的公共意志之活动，这是错误的，制度乃是于不经意间形成的。大自然中的有机体呈现出的令人赞叹的功能并不是人们设计的产物，而是自然变化过程的产物。同样，在大量社会制度中，我们也可以看到，这些制度并不是有意识地追求这一目的的某种意图，不是社会成员一致同意的产物，它们是作为'自然'的结果而出现的。我们只需要想想语言、市场的起源、共同体和国家的起源等等，就能明白这一点"①。与此同时，门格尔通过对货币起源的分析得出"货币是人类行为的结果而非设计的产物"②的结论，这对后来哈耶克自由理论中的"自我成长的秩序"产生了巨大启发。

（二）米瑟斯的"社会主义计算大论战"及"个人主观主义方法论"

路德维希·冯·米瑟斯是一位货币理论家，也是一位极具古典风格的自由主义者。1900年初入维也纳大学之时，也深受门格尔影响，后来成为奥地利经济学派第三代掌门人。一战结束后，维也纳成立了临时性的政府机构——清偿局，米瑟斯在其中担任法律顾问，负责处理交战国间战前的私人债务问题。1921年，哈耶克在为完成自己第一个学位学业做准备的同时，想找一份工作，其最敬重的导师维塞尔出面给路德维希·米瑟斯写了一封推荐信，信中称赞哈耶克是一位大有前途的青年经济学家。在维塞尔的推荐下，哈耶克与米瑟斯从此结缘，成了亦师亦友的亲密关系，用哈耶克自己的话讲，"在此后8年里，我在同米瑟斯的个人交往中无疑获益最多，不仅有思想上的激励，还有他对我工作上的直接帮助"③。

米瑟斯对哈耶克自由理论的影响是极为深刻的，也是多方面的。首先

①[英]阿兰·艾伯斯坦.哈耶克传[M].秋风译.北京：中国社会科学出版社，2003：32.
②张黎.哈耶克自由思想研究[D].硕士学位论文，西南大学，2009：13.
③[美]布鲁斯·考德威尔.哈耶克评传[M].冯克利译.北京：商务印书馆，2007：172.

一个主要方面就是米瑟斯发起的"社会主义计算大论战"所引发的对社会主义的反思。1920年，米瑟斯围绕社会主义计划经济的研究发表了论文《社会主义共同体的价值计算》。在这一文中，米瑟斯提出了"社会主义这样一个没有价格的经济体系是否有存在的可能性"的深刻论题。论战激发了哈耶克对社会主义计划思考的热情，并对其实现的可能性产生了质疑。在这一质疑中，哈耶克注意到了计划过程中人类理性的知识论问题，在错误的观念指导下必将导致"天真的结论"。1944年，哈耶克最负盛名的著作《通往奴役之路》出版。书中明确指出，计划经济不仅没有效率，而且必会导致不自由，"放弃市场竞争和价格机制，用中央计划和政府行政手段干预经济过程和进行资源配置，不但会在经济上导致像诗人荷尔德林所描述的那样'用通向天堂的美好愿望来铺设一个国家通向地狱之路'，而且必定会在政治上走向一条通向奴役之路"①。哈耶克对社会主义和计划经济的论断显然与米瑟斯是一脉相承的。

　　米瑟斯对哈耶克自由理论的影响，另一个主要的方面就是米瑟斯提出的不同于"集体主义"和"全体主义"的个体主观主义哲学方法论。很显然，门格尔注重的个体主观主义方法论是奥地利经济学派一脉相承的方法论基础，米瑟斯则将其进一步完善。路德维希·米瑟斯明确提出，"一切行为都是个别的、具体的人做出来的，并没有一个具体化的集体存在，要了解集体，只有从分析组成集体的个别成员的行为着手，而不能把整个集体视为一个分析对象"②。在这样一种分析判断基础上，路德维希·米瑟斯进一步指出，"一个真正的经济学原理的出发点都基于一个公理：即人们在其行为过程中都追求某种特定的目标，他们在若干个较高或较低的目标中做出自己的选择（即做出择优选择），以便使他们主观想象的利益（即幸福）能够在最大限度上得到满足……每个人的行为方式都相同，即他在

---

①[英]哈耶克.通往奴役之路[M].王明毅，冯兴元等译.北京：中国社会科学出版社，1997：11.
②Ludwig von Mises, Human action—A Treatise on Economics[M]. New Haven：Yale University Press，1949，pp.41-44.

任何时候都会对能更满足其愿望的事情做出择优选择"①。受此观点影响，哈耶克讨论了孤立个人对商品价值的评价，此种以个人选择行为作为起点的研究方法，就是后来被哈耶克所广泛采用的被其称为"方法论个人主义"的研究之法。也正是这种"方法论个人主义"的研究之法，使得哈耶克的思想境遇在不知不觉中融入了英国古典自由主义思想谱系，促成了哈耶克与英国古典自由主义思想家的观点共振。

二、苏格兰启蒙传统

哈耶克自由理论的思想渊源受奥地利经济学派影响的确很深，但在哈耶克自由理论形成过程中，英国古典自由主义对其产生的影响也不容小觑，甚至在某种程度上可以讲，哈耶克的自由理论完全是以英国古典自由主义作为自身骨干的一种自由学说。苏格兰启蒙运动中的道德哲学家的思想学说实际上构成了英国古典自由主义的思想资源。通常一提及欧洲思想启蒙运动，人们只会想到18世纪的法国思想启蒙运动，而事实上，与法国思想启蒙运动同样"功勋卓著"的还有一场启蒙运动，这便是18世纪的苏格兰启蒙运动。这两场启蒙运动尽管都涉及自由思想的启蒙，但却走出了两条迥异之路：一条是缺乏系统的和经验主义的英国传统式自由；另一条则是思辨的和唯理主义的法国传统式自由。"前者……认为传统和制度是自发形成的，人们很难充分认识它；而后者则旨在于构建一个人们一再尝试却从未成功的乌托邦"②。或者可以更明确地讲，英国传统与法国传统下的自由传统，二者所存在的分歧是根源于双方对社会文明赖以运作的不同向度的机理认知，"理性主义传统假定每个人生来就具备使其得以有意识地设计文明的智力和道德能力，但进化论者却明确指出，文明是经过反

---

①[奥地利]路德维希·冯·米瑟斯.自由与繁荣的国度[M].北京：中国社会科学出版社，1995：（引言）16.

②[英]哈耶克.自由宪章[M].杨玉生，冯兴元，陈茅等译.北京：中国社会科学出版社，2012：82.

复试验而累积产生的结果"①。而哈耶克眼中的自由，显然是继承了英国传统，在其看来，苏格兰启蒙运动思想才是自由主义的精髓，是真正的自由主义理论来源。而在苏格兰启蒙运动思想家中，尤以亚当·斯密（Adam Smith）和大卫·休谟（David Hume）为杰出代表，其对哈耶克自由理论的形成也影响最深。

（一）亚当·斯密的"看不见的手"

1723年，亚当·斯密出生于苏格兰法夫郡一个小镇，自幼聪明好学的他在14岁就进入学校主修多门学科，其中包括数学和道德哲学。其间，格拉斯哥大学教授弗兰西斯·哈奇森（Frantis Hutcheson）的自由主义精神让亚当·斯密大受启发。1759年，亚当·斯密的首部著作《道德情操论》出版，书中第一次提出了被其视作是对物质财富探寻的"看不见的手"。在探寻物质财富的过程中，这只"看不见的手"时刻在指挥着每个人"不断为自身的私利而求索，在这不经意间，受到市场的约束，促进了整个社会的进步"②。此外，除了对道德哲学有着独特的建树外，亚当·斯密对经济学也有着极为浓厚的兴趣。1776年，亚当·斯密之巨著——《国富论》③一书首次正式出版。《国富论》的出版是英国古典自由主义的开端，也标志着古典政治经济学的正式创立。在书中，亚当·斯密尤为强调自由市场、自由贸易以及劳动分工，因此，其也被誉为"古典经济学之父"。

从自由理论的思想渊源看，亚当·斯密对哈耶克的影响，最主要的就在于其提出的"看不见的手"④。其实，尽管"看不见的手"的思想贯穿于

①[英]哈耶克.自由宪章[M].杨玉生，冯兴元，陈茅等译.北京：中国社会科学出版社，2012：91.

②尚新力.论亚当·斯密[M].北京：中央编译出版社，2014：5.

③[英]亚当·斯密.国民财富的性质和原因的研究[M].郭大力，王亚南译.北京：商务印书馆，1972.

④注：英国经济思想家惠特克认为，亚当·斯密"看不见的手"的思想其实是来源于英国早期自由主义苏格兰启蒙派成员之一——曼德维尔的著作《蜜蜂的寓言：私人的罪恶与公共利益》。在书中，曼德维尔提出一个悖论：私人的罪恶产生公共利益。在一个复杂的社会中，人之行为结果同期所预想大为不同，个人在追逐自我目标时会产生一些其未曾预料乃至一无所知的对他人有益之结果。

亚当·斯密著作始终，但却很少明确使用"看不见的手"的词语。仅有的两处，一处是在《道德情操论》里，对"看不见的手"做了如此描绘：

> 富人消费的东西从量上来说，比穷人多不了多少。尽管他们生性自私、贪婪，尽管他们只图自己方便，尽管他们雇佣成千上万人来为自己劳动的唯一目的是满足个人空虚而又贪得无厌的欲望……他们被一只"看不见的手"引导着，去对生活必需品做出与在全部土地被平均分配全体居民的情况下近乎相同的平等分配，从而不知不觉地增进了社会利益，并为种族的繁衍提供了条件。①

另外一处对"看不见的手"的描绘出现在《国民财富的性质和原因的研究》中：

> 由于每个人都努力地运用他的资本支持国内产业，并通过良好的管理使其产出价值最大化，因此他必然能促进社会年收入的最大化。的确，在这过程中，每一个人既无意于促进公共利益，也不知道自己在何种程度上促进了公共利益。他更倾向于支持国内产业而不是国外产业，所考虑的只是自己资本的安全；而他尽力管理好产业，以实现其产出价值的最大化，此时他所想到的只是自己的利益。在这种情况下，与在其他许多情况下一样，他受一只看不见的手引导，促成了一个并非他本意想要达到的结果。②

作为哈耶克自由理论重要理论基础的自生自发秩序，就是归根于亚当·斯密这只"看不见的手"。在哈耶克看来，这只手"不仅可以排挤掉

①[英]亚当·斯密.道德情操论[M].蒋自强等译.北京：商务印书馆，2009：184-185.
②[英]亚当·斯密.国民财富的性质和原因的研究（上卷）[M].郭大力，王亚南译.北京：商务印书馆，1972：236.

上帝的万能之手，而且更容易斩断人为干预和人为设计的模板，当一切归源于某种绝对意义上的自由和自生时，将是产生其之后自由自生秩序的绝好根基"[①]。很显然，哈耶克自生自发秩序社会理论的提出，与亚当·斯密的影响是密不可分的。另外，从后来哈耶克探究其自由理论的方法论角度看，亚当·斯密所主张的个人主义方法论基础为哈耶克自由理论体系中的个体自由论断提供了坚实的理论支撑。如亚当·斯密认为，人们在经济活动中的一切行为的原动力始于其"经济人"假设下的人的利己心，而非利他主义或同情心。利己心是人之天性，是天赋之自然秩序，因此，"追求个人利益便成为了自然之理，对追求个人利益的活动就不应该受到限制"[②]。

（二）大卫·休谟的人性论及"不可知论"

被视为西方哲学史以及苏格兰启蒙运动最重要人物之一的大卫·休谟，是苏格兰历史学家、经济学家，也是一位哲学家。1737年，年仅26岁的休谟在法国完成了被看作其最重要的、也是哲学历史上最重要的一部著作——《人性论》（*A Treatise of Human Nature*）。休谟的许多重要思想，如对人性的预设、对自私和同情的看法、对社会秩序与制度正义的看法等，在这部著作中均得到了充分阐述。而在众多的休谟思想里，对哈耶克自由理论的形成产生极其重要影响的当数休谟的"政治哲学"思想及其"不可知论"思想。具体而言，这种影响主要呈现为如下两方面：

一是休谟"政治哲学"思想对哈耶克自由理论的影响。人性论是休谟政治哲学的基础，休谟在《人性论》中从正义的起源出发，提出"正义只是起源于人的自私和有限的慷慨以及自然为满足人类需要所准备的稀少的供应"[③]。也就是说，在休谟看来，正义的起源是出于人性的自私、有限的利他以及资源的相对稀缺等三方面因素综合作用的结果。由此，休谟推导

---

①李舒杰.浅析哈耶克的自由主义思想[J].法制与社会，2012（5）：8-9.

②胡寄窗.西方经济学说史[M].上海：立信会计出版社，1991：74.

③[英]大卫·休谟.人性论[M].关文运译.北京：商务印书馆，1980：536.

得出了保护私有财产权的正义"三法则"："稳定的财产占有""根据同意转让所有物"以及"信守承诺"。进而提出，要保护个人财产、限制政府权力，这是对自由主义有限政府最有力的辩护。可这里有一个无法回避的问题就是，这套"正义"的法则又该从何而来？如何生成？它究竟是人类理性设计的产物，还是自然规则的本来面貌呈现？休谟对这一系列正义原则的生成命题做了解答。他认为"利己心才是正义法则的真正根源"①。在此，大卫·休谟也同样预设了"人的本性是自私的"这一立论前提，看到了在人的自私本性下财产权利对人的重要性，由此，他提出了他的正义法则的核心内容——确立财产权。休谟这种凭借"正义法则"保障个人自由的思想旨趣深刻影响到了哈耶克，以至于哈耶克如是评价道："休谟所创立的首先是一种人类制度的成长理论，这成为他关心自由的基础"②。很显然，休谟所创设的社会制度成长理论也成为哈耶克有关自由理论著作的基础。

二是休谟的"不可知论"思想对哈耶克自由理论的影响。在休谟之前14—16世纪的两个多世纪里，欧洲文艺复兴运动点燃了人类"理性"的火苗。之后，一大批如格劳修斯、斯宾诺莎、洛克、卢梭、杰斐逊、霍布斯等启蒙思想家对中世纪神学发起挑战，高扬"理性"，自然法理论盛极一时。自然法理论在正义问题上，将昭示着宇宙和谐秩序的自然法作为正义的基本乃至终极原则，坚持正义的绝对性，认为在由人类协议产生的规则、国家制定的法律之外，存在于人内心的自然法才是真正正义的体现。说到底，自然法就是把公平、自由、平等、正义等若干价值范畴准则均纳入理性规制的人的理性法。然而，伟大的怀疑论者大卫·休谟却对人类理性进行了反思，在其看来，"自然法或理性法的思想只是一种虚构，理性对于正义、公平等道德原则的产生并不起什么作用。他认为理性不能产生行动或者分辨善恶，它只不过是我们情感的产物。正义是人们设计的产

---

①[英]大卫·休谟.人性论[M].关文运译.北京：商务印书馆，1980：569.
②[英]哈耶克.哈耶克文选[M].冯克利译.南京：江苏人民出版社，2007：490.

物，而非理性的产物"①。可见，在休谟看来，人类理性的确有其作用价值，但并非万能。人类理性的作用有限，人之认知能力范围也有限。至于这种认知能力范围"有限"在何种程度，休谟认为仅限于人之经验范围内之感觉所能触及之领域，否则，一旦超出感觉领域这一限定范围，人便无从达到仅凭其认知能力所能达到的认知境域。很显然，哈耶克自由理论中相当一部分思想是对休谟"有限理性"、有限认知范围的"不可知论"等有关思想论断的承继。依循考察自由同知识之间的关系这一进路，哈耶克奠定了其自由理论的新认识论基础，由此使得古典自由主义的形而上学基础获得了改变。

三、主观主义认识论

不同的自由理论学说，建立在不同的认识论基础之上。有何种认识论基础，就有何种自由理论学说。认识论是哲学的一个重要的组成部分，在哲学史上，大体来讲存在着两种针锋相对的认识论路径：一种是唯物主义认识论；另一种是唯心主义认识论。二者在知识的形成问题上，前者认为知识形成于客观实在自身的性质，与之相应，形成了唯理论知识论；而后者则认为知识形成于认识主体的内在结构，与之相应，形成了经验论知识论。两种不同认识论路径下的自由实现途径也是截然不同的，前者主导下的自由理论来源于带有强烈思辨色彩的唯理论，将自由的实现途径与强制追求集体目的挂起钩来；后者主导下的自由理论认为人的理性是有限的，认识也是有限的，故而强调自由的原始本质，即强制的不存在。在此可以看出，在认识论基础这一问题上，哈耶克的自由理论是明显倾向于后者——有限理性基础上的有限认知论。所以，当我们探寻哈耶克自由理论的思想渊源时，除了对其理论内容本身的思想资源追本溯源外，在其自由理论形成的认识论方面的思想渊源也应进行深入考察。"主观主义"可以

---

①武丹丹.哈耶克和阿马蒂亚·森的自由观[D].硕士学位论文，河北大学，2012：4.

说是奥地利经济学派的灵魂，也是英国古典自由主义经验主义传统的精髓，深受奥地利经济学派以及英国古典自由主义影响的哈耶克在认识论方面同样秉持主观主义的方法论。

（一）恩斯特·马赫的感觉经验认识论

恩斯特·马赫，奥地利—捷克物理学家、哲学家。在哲学领域，他是一位典型的唯心主义逻辑实证论者，其与哈耶克的渊源很大程度上集中于认识论领域。在认识论上，哈耶克深受马赫影响，以至于连哈耶克自己都声称，"在哲学或科学方法方面，我所受的少得可怜的训练全部都来自于马赫学派"①。对此，从哈耶克本人《感觉的秩序》一书的前言表述中也可以找到证据：

> 这部著作的缘起要回溯到那个整整一代人以前颇为流行的问题的研究途径上来。……我从之获知良多的主要著作家们仍旧是赫尔姆霍茨（H.von Helmholtz）、威廉·冯特（W.Wundt）、威廉·詹姆士（W.James）和缪勒（G.E.Müller），尤其是恩斯特·马赫。②

可以看出，在哈耶克著作及其自由理论形成过程中，受到了诸多思想大咖的灵感启发。其中，在其心目中，恩斯特·马赫对他的影响尤为重要。这种影响既体现在继承方面，又体现在反叛与否弃方面。就继承方面而言，恩斯特·马赫的"主观主义认识论"得到了哈耶克的继承。在恩斯特·马赫的眼里，感觉经验组成了世界，因而世界就是一个感觉经验的组合体。因此，科学研究的对象都和人的意识以及感觉密切相关，而所谓的

---

①[英]哈耶克.个人主义与经济秩序[M].贾湛译.北京：北京经济学院出版社，1989：55.

②Hayek，The Sensory Order：An Inquiry into theFoundations of Theoretical Psychology[M]. Chicago：University of Chicago Press，1952.Ⅵ.

"物"不过就是如哲学家乔治·贝克莱（George Berkeley）所说的"物是感觉的复合"。而马赫则将贝克莱的观点加以发展运用，用"要素"替换了"感觉"提出要素论，指出"现象可以分解为要素，就这些要素被认为与物质（身体）的一定过程相联系，并为这个过程所决定而言，我们称它们为感觉"①。那么，马赫眼中的要素究竟为何物？在马赫看来，"世界的真正要素不是物，而是颜色、压力、空间、时间这些我们称之为感觉的东西"②。可见，马赫眼中的要素仍然与人的感觉息息相关，其对认识对象的解释终究还是落脚到了主观主义的认知范畴，含有浓重的唯心主义认识论色彩。哈耶克正是受马赫所影响，其所形成的自由理论具有来自马赫的明显印记。如在论述社会科学的"事实"这一问题时，哈耶克谈道："我们称作的'社会现实'，从自然科学使用'事实'一词的特殊含义上说，和个体行为或他们的对象一样也不是什么事实。这些所谓'事实'……是一种根据我们自己的头脑中所找到的要素建立起来的思想模式。"③我们发现，哈耶克将所谓的"事实"同样归于人们"头脑中所找到的要素"，归结于"感觉秩序"，伴有马赫主观主义认识论的身影。但有别于马赫的地方是"哈耶克显然并不满足马赫用感觉要素来认知事物，而代之以理性的观念，进一步突显了其认识论上的主观主义色彩，使之与奥地利经济学派的主观主义方法论相一致"④。当然，对于理性，哈耶克有着不同于法式传统的认知。

马赫对哈耶克的影响，除了有正面的继承之外，还有反面的反叛与否弃。当多数人肯定哈耶克认识论的哲学渊源与康德主义密切关联的时候，也有人提出不同看法，如国内邓正来认为，哈耶克在1960年其著作《自由秩序

①[奥地利]恩斯特·马赫.感觉的分析[M].洪谦，唐钺，梁志学译.北京：商务印书馆，1986：13.

②[奥地利]恩斯特·马赫.感觉的分析[M].洪谦，唐钺，梁志学译.北京：商务印书馆，1986：96.

③[英]哈耶克.个人主义与经济秩序[M].贾湛译.北京：北京经济学院出版社，1989：56.

④宋清华.哈耶克有限理性论的认识论基础[J].电子科技大学学报社科版，2005（3）：67-70.

原理》以后，"他的康德主义色彩并没有那么浓烈"①。相反，马赫对其的认识论影响倒是颇为至深的，这种影响不仅仅表现在哈耶克对马赫主观主义认识论的方法传承上，也表现在哈耶克"对马赫哲学的反省和批判"②上，哈耶克心智认识论的提出就是在对马赫认识论的反省与批判中形成的。这一点，同样从哈耶克本人《感觉的秩序》一书的前言表述中也可以找到证据：

> 我在阅读马赫的时候突然意识到，对马赫关于知觉组织的分析的连贯一致的发展，会使他自己的感觉要素的概念变得多余无益——这是一个没有用处的设置，并与他的大多数敏锐的心理学分析相冲突。③

可以看出，哈耶克心智认识论的灵感便是源自于马赫，或者更明确地讲，是源自于对马赫"感觉要素"的反省与批判。马赫认为，人的心理世界和物理世界统一于感觉要素，并非西方传统"心物二元论"下二者的割裂状态。在此基础上，马赫进一步提出了其"心物平行论"，即"对于一切从心理方面可观察到的B的细节，我们都必须追寻与它相对应的N的物理细节"④，也就是说，"任何心理的东西都有一个物理的东西相对应，反过来也是一样"⑤。足以窥见，无论是马赫的"感觉要素一元论"，又或者是其"心物平行论"，均试图将一切可能的事物或现象从物理学角度加以还原和理解。哈耶克批判了马赫的这一论断，认为如此认知必定会导致一幅

---

①邓正来.规则·秩序·无知——关于哈耶克自由主义的研究[M].北京：生活·读书·新知三联书店，2004：272-277.

②马永翔.哈耶克对现象秩序和物理秩序的区分——兼论格雷对哈耶克的康德主义解释的限度[J].中国人民大学学报，2004（1）：19-25.

③Hayek，The Sensory Order：An Inquiry into the Foundations of Theoretical Psychology[M]. Chicago：University of Chicago Press，1952.Ⅵ.

④[奥地利]恩斯特·马赫.感觉的分析[M].洪谦，唐钺，梁志学译.北京：商务印书馆，1997：48.

⑤[奥地利]恩斯特·马赫.感觉的分析[M].洪谦，唐钺，梁志学译.北京：商务印书馆，1997：49.

科学主义或物理主义滥觞的机械图景，不能用研究自然科学的方法来研究社会科学，在心理秩序与物理秩序"这两种秩序的要素之间，并不存在简单的一一对应关系"①。既然如此，也就不能直接使用物理学方法来考察人的心智世界或广义的现象世界。受马赫的激发，哈耶克提出，人的心智是"一种从某种具体的身体结构中演生出来的文化产物"②，存在于人之身体和社会过程之外，并且完全决定身体和社会过程。因此，人的心智是将感觉进行分类的一种工具，整个世界之所以能有序地呈现在人们面前，是心智对感觉进行排序所形成的"感觉秩序"的结果。正是"由于哈耶克把人们获得知识的途径归于心智对经验的型构，这就意味着离开经验我们便无从认知世界"③。哈耶克的心智认知论实际上是对建构论理性主义的否定，是对评判人类行为尺度的"理性万能论"的否定，从而为其有限理性以及社会演进论打下了基础。

（二）伊曼努尔·康德的知识论

伊曼努尔·康德（Immanuel Kantian），德国古典哲学创始人，被视为继苏格拉底、柏拉图以及亚里士多德之后，西方最具影响力的思想家之一。恩斯特·马赫（Ernst Mach）在哈耶克建立自己主观主义认识论的过程中的确发挥了激荡灵感的巨大作用，但与此同时，康德对哈耶克的影响也是不容忽视的。尽管哈耶克本人声称"我从未仔细研究过康德"④，但他也坦言，"我想我所知道的康德哲学在很大程度上来自一名康德主义者……然后我不得不承认，我间接地得到了很多"⑤。作为哈耶克的重要诠释

---

①Hayek，The Sensory Order：An Inquiry into the Foundations of Theoretical Psychology[M]. Chicago：University of Chicago Press，1952.p.3.

②宋清华.哈耶克有限理性论的认识论基础[J].电子科技大学学报社科版，2005（3）：67-70.

③宋清华.哈耶克有限理性论的认识论基础[J].电子科技大学学报社科版，2005（3）：67-70.

④Hayek，Hayek on Hayek：An Autobiographical Dialogue. ed.by Stephen Kresge and Leif Wenar[M]. Chicago：University of Chicago Press，1994.pp.143-144.

⑤Hayek，Hayek on Hayek：An Autobiographical Dialogue. ed.by Stephen Kresge and Leif Wenar[M]. Chicago：University of Chicago Press，1994.pp.143-144.

者——约翰·格雷在研究了哈耶克对"两种秩序"（物理秩序与现象或心智秩序）所做出的区分之后，得出的结论是："哈耶克的全部著作——尤其是他在认识论、心理学、伦理学和法律理论方面的著作——都贯穿着一条鲜明的康德主义进路。"[①]因此，康德对哈耶克所构成的影响，同样体现在主观主义认识论的哲学渊源上。至于这条进路是如何贯穿的，康德又是如何影响着哈耶克的，格雷进一步做出了说明，"这乃在于他否认我们有能力认识物自身（things as they are）或世界自身（the world as it is）。正是因为他否认我们能够认识物自身，同时主张，我们在经验、甚至包括我们的感觉经验中找寻到的秩序，是我们的心智的创造活动，而不是世界给予我们的实在的产物，这才构成了哈耶克的康德主义"[②]。

在哈耶克自由理论形成中，哈耶克自由理论所持的知识论观点，分明有着康德的"知识论"所留有的深刻印迹。事实上，就"知识论"本身的理论使命而言，它本就是专门探究认知主客体双方在知识形成过程中的角色扮演问题。针对这一问题，康德发掘了人类认识过程的两大类因素：一类是"forms of time and space"，即"感性时空形式"；另一类是"Twelve categories of understanding"，即"知性十二范畴"。康德认为，这两大类因素均为先于人类经验的先验因素，所以我们平时所形成的认识，认识的并非"物"的本身，而仅仅是物的"现象"。在《纯粹理性批判》一书中，康德专门将世界区分为"现象"与"本体"两个世界，从认识论角度提出感性与知性等两种人类认知能力，"无感性则不会有对象给予我们，无知性则没有对象被思维"[③]，并详尽阐释了其"两个世界"的认识论思想。在康德看来，"现象世界"是一个可以认识的此岸世界，但在"现象世界"之外同时也存在着一个不可认识的、无法到达的"自在之物"的彼岸世界，即"本体世界"。康德对人类理性能力的这种"康德式"限定及

---

①John Gray，Hayek on Liberty[M].London and New York：Routledge，1998.pp.4-5.

②John Gray，Hayek on Liberty[M]. London and New York：Routledge，1998.pp.4-5.

③[德]康德.纯粹理性批判[M].邓晓芒译.北京：人民出版社，2004：52.

其主观主义倾向，不但与哈耶克反建构论唯理主义的需要实现了无缝契合，也映衬了哈耶克自己所一贯秉持的理论风格，由此也加速了哈耶克向康德主义的转向进度。哈耶克的主观主义认识论，某种程度上讲，就是延续了"康德式"的知识论进路。他将认识对象划分成"物理世界"与"现象世界"，在对这"两个世界"的认识中，人们经由感觉所认识到的仅仅只是"现象世界"的秩序或心智秩序。也就是说，人只能对现象世界加以认识，对"物自体"却不能。很显然，康德的有关认识论观点和主张在哈耶克的认识论中得到了沿袭，也正是在对康德的这种沿袭中，哈耶克对曾一度为之吸引与痴迷的马赫主义做出了放弃。

总而言之，哈耶克"站在巨人的肩膀上"，在整合马赫、康德以及奥地利经济学派有关思想和方法的基础上，形成了其极富"哈氏"风采的主观主义认识论。而这种主观主义认识论的生成，成为作为哈耶克自由理论两大基石——"有限理性"与"自生自发秩序"思想的坚实理论基础。

第三章　　哈耶克自由理论的要素分析

所谓要素，顾名思义，即构成事物的必要因素，是描述客观世界中具有共同属性与关联的一组现象的抽象，要素分析就是要揭示出这种抽象，从而更清晰深刻地认知与把握事物。在诸多不同自由学说思想谱系中，能重塑自由理论并据以评判当下人类政治生活者不乏其人，但哈耶克却是其中最具代表性的一位。"哈耶克是自约翰·密尔（John Stuart Mill）以来第一位全面阐述、捍卫自由主义的理论家"[1]，哈耶克的自由理论萌芽于政治学、经济学、法学、哲学、心理学、伦理学等多学科土壤，所形成的自由思想独树一帜、别具一格。尽管其相关自由论旨饱受争议，受到来自不同自由思想流派观点的严厉抨击，但与此同时也赢得了许多赞许，并在思想界曾几度引起如同其他西方思潮一般的强烈反响，如在20世纪五六十年代的中国台湾思想界，"哈耶克是一位相当熟稔的人物"[2]；"在美国，他成为正在兴起的'公民拥有充分自由权'运动的领袖；在英国，连公认最保守的撒切尔夫人也自称是哈耶克的信徒"[3]，其享有的声誉已超越地域范围，是世界级的大思想家。一直以来，关于"何谓自由"的纷争不断。事实上，自由理论的建构基本都是关于个人与自然、个人与国家（集体、社会）、个人与他人、个人与自身关系的合理安置问题，人们对于哈耶克自由思想的批判或认同也无非围绕这几个方面展开，其中的焦点也都集中在自由的否定性与肯

---

①钟华，邹心平.哈耶克自由观述论[J].湖北经济学院学报（人文社会科学版），2005（3）：7-8.

②何信全.哈耶克自由理论研究[M].北京：北京大学出版社，2004：（原序）4.

③[英]哈耶克.通往奴役之路[M].王明毅，冯兴元等译.北京：中国社会科学出版社，2012（译校者的话）2.

定性、个体自由与集体自由、自由的消极概念与积极概念等问题上，而这些要素的不同安置与组合使得我们得出不同的自由理论结构，因此，哈耶克自由理论的要素构成分析有助于更好理解其哲学理论建构的基本问题。

一、否定性自由

哈耶克自由理论的核心是否定性自由观。自由为何物？面对这一莫衷一是、看似简单实则极为复杂的价值追求，学术界多数从肯定性视角给出了多种含义描绘：有的将自由视为"选择自由"，即"某人在行动上有多少条路可供选择"①；有的将自由做了政治自由、内在自由、意志自由等方面的种类划分，并从对各类自由的解释中详尽阐述自由；学界还有研究者认为"自由是力量，是做特定事情的有效力量"②。上述关于自由含义的种种界说，无论哪种都是从自由是"人们按照自己的决定和计划去行动的可能性"③这一传统理解中去阐释自由的，也正是这种肯定性解释进路，使得"自由"这一语词在一千人中可能会产生一千种自由，甚至在各自对自由的理解中会出现完全相反的自由。诚然，语词层面的混淆局面不容小觑，但由相应语词理解主导下的自由所面临的危险境地更需警惕。在肯定性视角下，某种或某些自由主张所争取到的最终结果可能恰恰是不自由。哈耶克深刻洞穿此种进路的弊端，高度警惕真正的自由在人们追求自由的道路上却走向自由反面的不幸结局，另辟蹊径从逆向于肯定性的否定性视角对自由做出原始意义的说明，形成具有典型"哈氏风采"的否定性自由观。

（一）免受强制的状态

至哈耶克所处年代，"自由"一词尽管已非新鲜术语，其概念亦多如

---

①[英]哈耶克.自由宪章[M].杨玉生，冯兴元等译.北京：中国社会科学出版社，2012：31.

②参见康芒斯：《资本主义的法律基础》（J.R.Commons, The Legal Foundations of Capitalism[New York, 1924].）第2-4章；亦可参见杜威："自由与社会控制"（J.Dewey, Liberty and Social Control, Social Frontier, November, 1935.p.41.）"

③[英]哈耶克.自由宪章[M].杨玉生，冯兴元等译.北京：中国社会科学出版社，2012：30.

牛毛，但哈耶克对自由的界定颇为谨慎，开始即抱着"尝试性说明"①的态度。不同于肯定性视角的"freedoms to"，即将自由当作"是……的权利"，或将自由看作是"能够轻易做……"，或将自由指向其他的具体事实判断或价值判断，而是将自由首先明确限定为一种状态，这是准确把握哈耶克自由概念的一个关键点。在其《自由宪章》第一章节开宗明义讲道，其所研究的自由是"人的一种状态"②，并非指人所具有的某种或某些权利、或做某些事的权利，亦非人之行为的随心所欲，而是人之作为人"freedoms from"这样一种状态。也就是说，来自于社会中的其他人的强制被最大限度地减到最低程度的这样一种理想状态。可以看出，"不受（免受）……强制（支配）"是哈耶克自由概念最具鲜明否定性特色的构成要件。哈耶克眼中的自由概念与"强制"概念密切相关，如果没有强制的存在，那么哈耶克的自由概念也就失去了对立物基础，其建构的"自由大厦"也会瞬间倾塌。因此，哈耶克对自由概念的界定并非直接从"自由是……"切入，而是一改常态，从"强制是……"入手对"强制"的概念做出了如是界定，即所谓的"强制""乃是指一个人的外部条件受他人控制，为了避免更大的恶果，他被迫为实现他人的目的工作，而不能按照自己的计划行事"③。一个人一旦处于这种强制或被迫状态下，就会成为受他人操控的工具，无法按自己意愿、自己知识、自己思想、自己价值判断选择适于自己的方式去追求自己的目标。在剖析强制危害的基础上，引发出对人的自由状态的界定，或者说，哈耶克的自由概念正是在对此种强制状态的否定中生成，认为作为人的"自由的行动"意味着个人能够"根据自己的知识，选择自己的方法，进而追求自己的目标"④，更明确地讲，"自由是指一个人在多大程度上能够自行其是"⑤，处于强制状态下的人显然是

①[英]哈耶克.自由宪章[M].杨玉生，冯兴元等译.北京：中国社会科学出版社，2012：29.
②[英]哈耶克.自由宪章[M].杨玉生，冯兴元等译.北京：中国社会科学出版社，2012：27.
③[英]哈耶克.自由宪章[M].杨玉生，冯兴元等译.北京：中国社会科学出版社，2012：42.
④[英]哈耶克.自由宪章[M].杨玉生，冯兴元等译.北京：中国社会科学出版社，2012：42.
⑤[英]哈耶克.自由宪章[M].杨玉生，冯兴元等译.北京：中国社会科学出版社，2012：31.

无法"自行其事"、无自由可言的。

（二）人与人的关系

哈耶克自由概念的另一鲜明否定性构件即其自由所指是人与人之间的关系，而非人与自身、人与物、或人与自然的关系，这是准确把握哈耶克自由概念的又一关键点。哈耶克的自由概念之所以能够一以贯之，没有出现肯定性视角下莫衷一是的混淆结局，归功于其对自由范围的苛刻而清晰的把控。从自由原始意义出发，哈耶克将自由明确限定为"专指人与人之间的一种关系"①。自由所指一旦超出这个限度，自由概念的界说将会变成"一锅粥"，追求的道路依循亦将无所适从，甚至走向冲突纷争。诚如格林在《谈政治义务的原则》中所言，"一旦'自由'不是指个人和他人已经确立的关系，而是指其他什么，那么它的意义便更加不确定了"②。哈耶克的老师米瑟斯更是一针见血："自由是一个社会学概念。"③因此，哈耶克在将自由界定为一种免于强制的状态时，始终没有离开过"他人"，强调这种强制是来自于"他人"的强制，而非自我的强制，也非外物的强制，也非自然力量的强制，哈耶克眼中的自由所描绘的是社会中的人与人之间关系的一种"不受他人武断意志的支配"的状态，能够对自由造成侵害的只有来自他人的强制或支配。对于脱离这一范围限定的其他自由概念，哈耶克坦言，与其所阐释的原始意义的自由一样，都是我们大多数人所希望的一种状态，相互之间也有些许关联，但绝非相同概念，哈耶克对此做了专门说明，指出其所指的自由状态不同于别的自由定义，而且，别的"各种自由"类别所指也"不是同一种类的不同变种，而是完完全全的

---

① [英]哈耶克.自由宪章[M].杨玉生，冯兴元等译.北京：中国社会科学出版社，2012：30.

② T.H.Green，Lectures on the Principles of Political Obligation[M]. London：Cambridge Vniversity Press，1986，p.3.

③ Ludwig Von Mises，Socialism：An Economic and Sociological Analysis[M]. New Haven：Yale University Press，1951，p.19.

不同种类，而且相互之间是矛盾的，所以必须明辨"①。

（三）消极自由

哈耶克眼中的自由是一种消极自由。我们固然不能断言哈耶克的自由思想是纯消极的，但可以肯定地讲，消极性是哈耶克自由思想的明显特性。对此，哈耶克本人也曾毫不避讳地坦言："自由就属于这种消极概念，它表示我们的行动没有某种'特殊障碍'——即他人的强制。"②当然，哈耶克对其自由消极性的判断并非机械坚守，没有将消极与积极完全割裂看待，他指出，消极自由"只有通过我们的运用，它才能变消极为积极"③。消极自由之于人们行为的现实功用就如同空气、阳光一样，有之不觉怎样，无之则无法生存，消极自由下的主体行为方式也不像积极自由立竿见影，其只是供给了人们一个无他人强制的行为环境，诚如哈耶克所言，"自由并不确保我们拥有特定的机会，但它只是使我们有可能根据我们所处的环境去决定做什么，它能让我们自己决定如何利用我们自己发现的机会"④。由此可推知，消极性要素构件是准确把握哈耶克自由思想的又一关键点。

消极自由与积极自由是一对相对而生的自由概念，源自黑格尔（G. W. F. Hegel），经格林（T.H.Green）在英国发展，后由伯林（Isaiah Berlin）正式创立且被普遍引用。在伯林看来，所谓"消极自由"就是"一个人能够不受别人阻碍地做自己想做的事，如果我被别人阻碍而不能做本来想做的事，则就此点而言即是不自由。如果此一自由行事的领域被别人缩小乃至超过一个最低限度，则我可说是被强制，或甚至被奴役"⑤。简而言之，个人行为免受他人妨碍、强制或奴役的状态——这种"被动式"自由就是"消极自由"。"消极自由"检视自由的视点在他人，关注的是个人权

---

①[英]哈耶克.自由宪章[M].杨玉生，冯兴元等译.北京：中国社会科学出版社，2012：30.

②[英]哈耶克.自由宪章[M].杨玉生，冯兴元等译.北京：中国社会科学出版社，2012：40.

③[英]哈耶克.自由宪章[M].杨玉生，冯兴元等译.北京：中国社会科学出版社，2012：40.

④[英]哈耶克.自由宪章[M].杨玉生，冯兴元等译.北京：中国社会科学出版社，2012：40.

⑤Isaiah Berlin, Four Essays on Liberty[M]. New York：Oxford University Press，1969，p.122.

利，强调免于他人尤其是政府强制。对于积极自由而言，伯林先从总体层面给出界定，认为所谓"积极自由"就是"源自个人希望成为自我主宰的愿望，希望自己的生活和决定依恃自己，而非任何外在的力量"①。而后，具体描绘了积极自由下的几种源于个体自身的"希望"："希望自己是主体，而非客体；希望根据自己的理性与有意识的目标行动，而非缘于外在因素的影响；希望依据自我的指导而决定行动，而非如无法扮演人类角色的动物或奴隶受制于外在的自然或他人，亦即我构想自己的目标与策略并加以实现"②。一句话概括之，所谓的"积极自由"就是希望自己能够主宰自己，是一种主动式自由，检视自由的视点在个体自身，"更关注人的自主能力和理性、意志的斗争，自由不仅意味着私人空间和法律保障，更重要的还在于集体权利的扩张，政治社会的改造和对于宏大理想的社会化追求"③。从逻辑上看，消极自由与积极自由二者并无不同，都是"希望能够自行其是"，似乎有着殊途同归之效，但"就历史观点而言，自由的积极与消极两个概念乃是往不同方向发展，因而导致二者彼此冲突之结果"④。早期自由主义者持有的自由思想即带有消极性，"把人看作是原子式的功利人，这使得他们把自由看作是原子式的功利人的私人占有物"⑤，在此自由思想主导下的个人自由具有绝对优先性，任何他人与社会不得侵犯，结果"必然造成个人自由的张扬，而忽视甚至损害社会福利和自由"⑥。由于消极自由下"传统的自由放任的自由主义导致了工业生活中的贫困和社会生活的堕落"⑦，因此自格林在英国区分消极自由与积极自由之后，"英国

---

①Isaiah Berlin，Four Essays on Liberty[M]. New York：Oxford University Press，1969，p.131.

②Isaiah Berlin，Four Essays on Liberty[M]. New York：Oxford University Press，1969，p.131.

③李强.自由主义[M].北京：中国社会科学出版社，1998.

④Isaiah Berlin，Four Essays on Liberty[M]. New York：Oxford University Press，1969，pp.131-132.

⑤邓振军.在社会中寻求自由——论格林的自由观[J].华中师范大学学报（哲学社会科学版），2006（1）：22-27.

⑥邓振军.在社会中寻求自由——论格林的自由观[J].华中师范大学学报（哲学社会科学版），2006（1）：22-27.

⑦邓振军.在社会中寻求自由——论格林的自由观[J].华中师范大学学报（哲学社会科学版），2006（1）：22-27.

的自由主义者逐渐放弃古典自由主义的原则，而相当程度地接纳了社会主义的观念。在美国，原来的自由主义则变成保守主义"①。

依循自由的消极界定进路，哈耶克在阐明其自由的消极概念过程中，进一步将自由与"诸种自由"做了差异化分析。在哈耶克看来，"诸种自由"与真正的自由是"此消彼长"的一种关系，"诸种自由"出现之时，便是真正的自由失去之日。而哈耶克所指的"诸种自由"就是"指某些集团和个人可能获得的某些特殊恩惠与豁免"②。由于"诸种自由"的存在，获得了"特殊恩惠与豁免"的个人或集团便有了所谓的自由，但作为没有获得"特殊恩惠与豁免"的其他人则依然无自由。因此，"诸种自由"下获准做某事或不做某事的特殊礼遇不是真正的自由，诸种自由中的一种或几种自由不等于自由，真正的自由只有一个，那便是哈耶克所强调的个人做事不受他人强力意志干涉的、原始意义上的、消极的自由。当然，哈耶克所指的自由——"做事不受他人干涉"，并非不受任何干涉，"不是否定一切的外在限制"③，是能够与"不准做某些事情"相容存在的，这种"不准做"的强制来自法律，而且也只允许来自法律，哈耶克深刻认同洛克（John Locke）的观点，"何处无法律，则也亦无自由。自由意味着不受他人限制和暴力行为的制约，而这在没有法律的地方是不可能的"④。在自由与诸种自由的性质差异上，哈耶克清晰地指出，其所指自由是"除了一般原则禁止的，所有其他事情都可以做"⑤，但"诸种自由"则不同，它是"除了明文规定允许的，所有其他事情都不能干"⑥。很明显，前者带有鲜明的消极色彩，亦即"法无禁止皆可为"。为明确阐述其自由的消极概念、且肯定消极自由对实现自由的价值所在，哈耶克将自由对照奴隶的被

①Leo Strauss, Liberalism: Ancient and Modern[M]. New York: Basic Books, 1968, Preface, p.vii.

②[英]哈耶克.自由宪章[M].杨玉生，冯兴元等译.北京：中国社会科学出版社，2012：40.

③何信全.哈耶克自由理论研究[M].北京：北京大学出版社，2004：43.

④[英]哈耶克.自由宪章[M].杨玉生，冯兴元等译.北京：中国社会科学出版社，2012：231.

⑤[英]哈耶克.自由宪章[M].杨玉生，冯兴元等译.北京：中国社会科学出版社，2012：40.

⑥[英]哈耶克.自由宪章[M].杨玉生，冯兴元等译.北京：中国社会科学出版社，2012：40.

奴役状态，通过考察奴隶变为自由人时所获得的被公认的基本权利，得出坚持自由的原始意义、实现个人免受他人强制的自由的五项基本条件：一是"一个受保护的社会成员的法律地位"；二是"免于随意的逮捕"；三是"自行选择工作的权利"；四是"自行选择迁徙的权利"[①]；五是"私有财产权"。在这五项基本条件中，哈耶克指出没有一项与"诸种自由"以及"新自由"有关，"自由的消极性丝毫不会降低自由的价值"[②]。一个人只要具备这五项基本条件，便没有任何人能够强迫、支配其按他人强力意志、指令去做事。如此一来，便是实现真正意义的自由。

二、个人自由

人类对自由价值的追求由来已久，形成的自由概念亦铺天盖地。在自由概念的问题上，真可谓人言人殊。"由于概念本身的复杂性，因此在19世纪的时候已经有学者提到，自由的定义在两百个以上"[③]。面对这样一个定义数量繁多而又歧义重重的复杂概念，为搞清楚自由的真正内涵，哈耶克"拨云见日"，通过与其他"还有一些别的关联"[④]的自由定义进行差异化分析，进而提出其所指自由不同于别的自由，而是个体性的个人自由；真正的自由是个人自由，而非别的自由。个人自由是继否定性要素之后，哈耶克自由理论的另一重要构成要素。在众多"还有一些别的关联"的自由定义中，哈耶克选择了极易混淆的政治自由、内在自由以及力量自由进行了差异化分析。

（一）个人自由与"政治自由"

哈耶克所指的自由是个人自由，不同于政治自由或集体自由。在自由

---

①[英]哈耶克.自由宪章[M].杨玉生，冯兴元等译.北京：中国社会科学出版社，2012：41.
②[英]哈耶克.自由宪章[M].杨玉生，冯兴元等译.北京：中国社会科学出版社，2012：41.
③[日]河合荣治郎.自由主义的历史与理论[M].高叔康译.台北：中华文化，1955：73.
④[英]哈耶克.自由宪章[M].杨玉生，冯兴元等译.北京：中国社会科学出版社，2012：31.

诸多定义中，政治自由是人们对自由最一般化的理解，谈到自由，人们也会自觉不自觉地将其首先指向政治自由。也就是说，人们会普遍认为，只要在政治生活中充分享有了参与立法过程、选择政府任免以及控制政府行政等方面的政治权利，就意味着实现了自由。如英国政治学家拉斯基（H.J.Laski）认为，"选举权对自由来说是必不可少的，一个公民若无选举权，便没有自由"①。此种将自由视作是参与某种或某些政治生活的权利，的确与哈耶克的自由概念有着一定关联，或者可以说，政治自由是作为一个自由的人的一项必要条件，一个没有自由的人自然难言其享有参与政治生活的权利。然而，"有关联"不等于可以"用同一个词指代不同的状态"②，将享有某种或某些权利视同个人自由会导致自由概念的混淆。正如孟德斯鸠在《论法的精神》（*Spirts of the Laws*）里所讲："在民主国家里，人们似乎是想做什么就可以做什么，因此，大家都认为这类政体是最自由的，因而人民的权利和他们的自由也被混为一谈了"③；再如德洛尔梅在《英国的宪法》（*The Constitution of England*）中所言："以投票的方式同意制定法律，实际上是对权力的一种分享；生活在一个能够做到法律面前人人平等和有法必依执法必严的国家中……便是自由。"④实际上，尽管政治自由是个人自由的必要条件，但政治自由并非个人自由的充分条件。一个自由的人并不必然意味着其享有政治自由，一个享有政治自由的人也并不必然意味着其拥有或实现了个人的自由。对此，哈耶克明确阐述道，在"政治自由"这一条件下的自由人民，并不一定都是拥有真正"个人自由"的自由人组合而成的人民群体；而且，更为重要的是，集体自由并非个人自由的前置性要件，也就是说，个人自由的获得和实现并不一定非得依赖是否享有集体自由。因此，尽管政治自由与哈耶克的个人自由有一

---

①H.J.Laski，Liberty in the Modern State[M]. Kelley（Augustus M.）Publishers，1949，p.6.

②[英]哈耶克.自由宪章[M].杨玉生，冯兴元等译.北京：中国社会科学出版社，2012：32-33.

③[英]哈耶克. 自由宪章[M]. 杨玉生，冯兴元等译. 北京：中国社会科学出版社，2012：33.

④[英]哈耶克. 自由宪章[M]. 杨玉生，冯兴元等译. 北京：中国社会科学出版社，2012：33.

定关联，但绝非哈耶克眼中的自由。哈耶克认为，将自由理解为"政治自由"的做法"这实际上是把自由的原始意义运用于作为整体的人群而形成的一种集体自由"①，而其所强调的自由恰恰是非"作为整体的人群"的个体化的"个人自由"形态。"自由原本表示自由人或自由生产者的特质或地位，它是相对于奴隶而言的"②，或者更明确地讲，自由是社会成员地位的一种表示，"'自由的'本来是指那些受保护、并享有权利的人"，此中的"人"所指为"个人"，而政治自由正是把"受保护、并享有权利"的个人地位扩展至群体地位。在貌似自由的群体地位中，个人自由很有可能是不存在的。

为充分辨清个人自由与政治自由（集体自由）的差异，哈耶克对几个与政治自由相关的、容易造成混淆的现象做出了说明。一是认同政治秩序不等于享有个人自由。在政治自由意义的自由概念下，有人在"认同政治秩序"与"享有个人自由"之间寻求联系，他们指出，"那些刚刚开始公共生活的年轻人是自由的，因为他们已认同他们生于其中的社会秩序"③。哈耶克首先否定了这一说法，指出其荒谬之处在于忽视了年轻人对更好社会秩序的未知，以及改变现存社会秩序的行动滞后的事实。同时也指出，即便如此，这一被忽视的事实也丝毫不必然影响到个人自由，更明确地讲，"这也不会，或者说不一定使得他们不自由"④，因为哈耶克眼中的自由是个人自由，与是否有权参与公共政治生活、选择社会秩序是完全不同的。二是"能够选择政府并不等于确保自由"⑤。依循政治自由的自由概念逻辑进路，人们能够通过投票或契约的方式选择其认同的政府或君主即享有并能确保其自由，这同样有违哈耶克的自由本意。因为通过投票或契约同意产生的君主很有可能是个暴君，通过投票或契约同意产生的个

---

①[英]哈耶克.自由宪章[M].杨玉生，冯兴元等译.北京：中国社会科学出版社，2012：32.

②E.Barker, Refletions on Governmen[M].Oxford：Oxford University Press, 1942, p.1.

③[英]哈耶克.自由宪章[M].杨玉生，冯兴元等译.北京：中国社会科学出版社，2012：32.

④[英]哈耶克.自由宪章[M].杨玉生，冯兴元等译.北京：中国社会科学出版社，2012：32.

⑤[英]哈耶克.自由宪章[M].杨玉生，冯兴元等译.北京：中国社会科学出版社，2012：33.

人很有可能是个奴隶。在此情形下，个人丧失了独立性，受制于暴君，何谈个人自由？因此，哈耶克讲，"如果以为人民同意的政治制度，便肯定是一个自由的政治制度，那么我们讨论自由的价值，就毫无意义了"①。三是获得了"民族自由"也并不等于获得了个人自由。民族自由，即摆脱他国或外人的奴役，由本民族自己主宰自己的命运，"人民整体不受外人的强制"②。从自由的否定性层面看，民族自由貌似最为接近哈耶克的自由思想，是"扩展了"的哈耶克的否定性自由观。但哈耶克始终坚守自由是"个人自由"的概念底线，认为民族自由"这是将自由的概念用于集体，而非个人"③，依然不是其所主张的真正意义的自由。不可否认，那些主张"个人自由"者同样也会是主张"民族自由"的热情支持和拥护者，但并不会因此改变二者之间截然不同的客观事实，因为追求民族自由并非必然增进个人自由，甚至在追求"民族自由"获取民族独立、实现民族解放的过程中，"有时还令人们宁可放弃异族多数人的自由统治，转而选择本民族的暴君"④，这显然无助于增进个人自由。与此同时，追求民族自由"它还为恣意限制少数派成员的个人自由提供了口实"⑤，造成以群体自由名义"名正言顺"剥夺个人自由的不幸结局。

（二）个人自由与"内在自由"

内在自由，亦称"形式上的"自由，或"主观的"自由，意即"个人根据自己考虑成熟的意愿、理智或持续长久的信念，而不是根据一时冲动或形势来行事的程度"⑥。从哈耶克对自由概念所做出的"免于……强制"的界定维度看，内在自由的确是个体能够根据自我意愿、理智或信念而做

①[英]哈耶克.自由宪章[M].杨玉生，冯兴元等译.北京：中国社会科学出版社，2012：33.
②[英]哈耶克.自由宪章[M].杨玉生，冯兴元等译.北京：中国社会科学出版社，2012：33.
③[英]哈耶克.自由宪章[M].杨玉生，冯兴元等译.北京：中国社会科学出版社，2012：33.
④[英]哈耶克.自由宪章[M].杨玉生，冯兴元等译.北京：中国社会科学出版社，2012：34.
⑤[英]哈耶克.自由宪章[M].杨玉生，冯兴元等译.北京：中国社会科学出版社，2012：34.
⑥[英]哈耶克.自由宪章[M].杨玉生，冯兴元等译.北京：中国社会科学出版社，2012：34.

出行动的程度，这与哈耶克否定性自由思想所强调的自由是"在多大程度上能够自行其是"似乎有着相通之处，因此，在诸多自由定义中，内在自由是另一极易与哈耶克的个人自由形成混淆的自由概念。然而，哈耶克所指的"能够自行其是"是相对于他人的强制而言的，而内在自由的"能够自行其是"是相对于个体自身的不成熟的、或有缺陷的个人情绪或能力而言的，更明确地讲，"'内在自由'的反面不是他人的强制，而是一时的感情、道德或智慧上的缺陷所造成的影响"①。例如，某人在关键时刻因意志力薄弱而在实现自己目标过程中未能如愿以偿，此时的他，我们可称他是"不自由"的，因为他受制于感情，因此也可称他是一个感情的"奴隶"。但此时的"不自由"所指为丧失了内在自由，并非个人自由。因此，内在自由尽管有着个体性特征，但与哈耶克的自由是在"人与人之间的关系"中的一种状态的思想主旨难以吻合，而且内在自由与个人自由并不必然形成联系，"个人面对多种选择能否机智地做出并坚持他自己的决定，与个人是否受到他人意志的强制，是两个不同的问题"②。

（三）个人自由与"力量自由"

在形形色色的自由概念界说中，除了政治自由与内在自由，在与个人自由相混淆的自由概念中，尚有一"更加有害"③的自由概念，便是个人的力量自由。所谓力量自由，哈耶克将之概括为是以"自由"的名义指代了身体实体上如愿以偿"做成想做之事"的一种能力，或者也可以讲，力量自由就是人们所能选择的程度的一种自由向度。康芒斯（Commons）、杜威（John Dewey）即持此种认识，明确将"力量自由"看作是属于人的真正的"自由"，"'自由是力量，是做特定事情的有效力量'，要求自由

---

① [英]哈耶克.自由宪章[M].杨玉生，冯兴元等译.北京：中国社会科学出版社，2012：34.
② [英]哈耶克.自由宪章[M].杨玉生，冯兴元等译.北京：中国社会科学出版社，2012：34.
③ [英]哈耶克.自由宪章[M].杨玉生，冯兴元等译.北京：中国社会科学出版社，2012：35.

就是要求力量"①。在将力量自由混同于个人自由的认识中，甚至有更为激进的观点，将力量自由理解为个人无拘无束、没有任何障碍和阻隔进而能够随心所欲去为任何自己想为之事，近乎一种"为所欲为"式自由。如伏尔泰（Voltaire）在其《无知的哲学》中讲道，"真正的自由就是权力，如果个人可以为所欲为，那么他就是自由的"②。哈耶克的自由思想尽管强调自由是"免于……强制"的一种状态，但并非"没有任何障碍"，更非个人的"为所欲为"。事实上，力量自由意义上的无所不能、"没有任何障碍"的个人自由几乎在任何一个社会秩序中都难以找到。

哈耶克意识到，一旦将自由混同于力量，其对个人自由所带来的侵蚀将是灾难性的。一方面，"利用'自由'一词的魅力来摧毁个人自由的诡辩将永无止境，打着自由的旗号怂恿人们放弃自由的花招也将永无完结"③。正如彼得·德鲁克（Peter F.Drucker）在其《经济人的终结》（*The End of Economic Man*）中所提到的，"自由愈少，谈论'新自由'便愈多"④。德鲁克谈到的这种"新自由"，就是以"多数人"拥有反对"单个人"的权利来衡量自由与否的一种自由形态，实际上，德鲁克的"新自由"就是一种"多数人自由"，或者更明确地讲这是一种典型的"集体自由"。哈耶克敏锐地意识到，德鲁克的这种"多数人自由"一旦被认可，意味着多数人可以理所当然地以"多数人自由"的名义来毫无顾忌地忽视甚至侵犯个人自由。如此一来，"对超越条件的集体力量的承认最后取代了对个人自由的信仰，而且极权国家也以自由的名义剥夺了人民的自由"⑤。与此同时，"将力量意义上的自由混同于原始意义上的自由必然导致将自由等同于财富"⑥，因为依照力量自由的自由逻辑，自由即是做想

①[英]哈耶克.自由宪章[M].杨玉生，冯兴元等译.北京：中国社会科学出版社，2012：37.

②Voltaire, Le Philosophe ignorant, XIII[M]. Paris: Flammarion Press, 1955, p.315.

③[英]哈耶克.自由宪章[M].杨玉生，冯兴元等译.北京：中国社会科学出版社，2012：35-36.

④P.Drucker, The End of Economic Man[M]. London: Transaction Publishers, 1939, p.74.

⑤[英]哈耶克.自由宪章[M].杨玉生，冯兴元等译.北京：中国社会科学出版社，2012：36.

⑥[英]哈耶克.自由宪章[M].杨玉生，冯兴元等译.北京：中国社会科学出版社，2012：37.

做之事的能力与力量，财富愈多，可供选择的机会便愈多，抓住机会实现自己愿望的能力与力量便愈强，因而也愈加自由。如佩里（Perry）所言，"既然个人的有效自由和财富源泉之间存在着适当比例，那么'财富'和自由之间的界限便被打破了"①。为实现力量意义上的自由，"某些人因此会打着'自由'的旗号要求重新分配财富"②。由此，哈耶克认为，财富与自由是完全不同的两码事，财富不代表自由，自由也不必定依赖财富。一个物质充盈、尽享荣华富贵的宫廷侍臣不比一个贫苦农民的自由更多，因其必须听任其主人差遣，无法按自己意愿、为自己目的行事，个人自由是不存在的，而一个贫苦农民却可以。因此，"我能否主宰命运、自行选择是一个问题；供我们选择的机会是多还是少，却是完全不同的另外一个问题"③。

"政治自由""内在自由"以及"力量自由"是与哈耶克"个人自由"思想极易混淆的三大自由概念，极具迷惑性，或可称之为哈耶克"个人自由"的三大自由"劲敌"。无论哪种，一旦与个人自由概念混同，都将对个人自由构成威胁。如果将这种威胁做一定程度划分的话，哈耶克认为"力量自由"对个人自由的危害最深，因为它会招致不可收拾和难以补救的混乱。因此，哈耶克一再强调，以政治自由、内在自由、力量自由等为代表的诸类自由绝非"自由"一词的不同变种，任何一种自由也都无法代替个人自由，也不能用牺牲其中某种自由去换取更多其他种类的自由。

三、自生自发秩序

自生自发秩序是哈耶克自由理论极为重要的一个要素构件，某种意义上讲，没有自生自发秩序就没有哈耶克的自由理论，自生自发秩序与哈耶克自由理论"必然无知"的主张密不可分。在自生自发秩序的形成过程

---

①[英]哈耶克.自由宪章[M].杨玉生，冯兴元等译.北京：中国社会科学出版社，2012：37.
②[英]哈耶克.自由宪章[M].杨玉生，冯兴元等译.北京：中国社会科学出版社，2012：37.
③[英]哈耶克.自由宪章[M].杨玉生，冯兴元等译.北京：中国社会科学出版社，2012：37-38.

中，哈耶克的"必然无知"以及"理性不及"的认识论成为基本依据。

（一）必然无知

"必然无知"是哈耶克知识论（或认知论）的一个基本观点，也是哈耶克自发秩序理论的一个重要理据。在知识论上，哈耶克总体上经历了由分立知识的"知"——默会知识的"知又无知"——无知的"必然无知"等三个阶段的演变历程。每一个演变阶段的知识观所引发出的自由正义价值观，都成为进一步确立哈耶克自发秩序的理论支撑，从而成为哈耶克自由理论构成要素中的"要素"。自由是人类文明的产物，然则人类文明何以而来？在哈耶克看来，"文明的生成就是始于个人能够利用自己知识范围之外的更多知识来突破无知的藩篱"①。可见，知识在自由与文明进程中的分量，但这种知识是无边无际的，尤其是于个人而言，对知识的无知是必然的。这也正印证了被哈耶克所深为信奉的古希腊哲学家苏格拉底的那句经典论述，即"承认我们的无知（ignorance），乃是开启智慧之母"②。由是，哈耶克提出其"必然无知"（necessary ignorance）的论断，即"个人对于文明发展所依赖的许多东西具有一种无可避免的无知，这是一个基本事实，但人们却很少在意"③。

那么，这种"无可避免的无知"是怎么产生的？难道是人之理性完全所不及这些知识吗？显然不是，人具有理性，而且经由理性可以获得知识，对于这一点，哈耶克并不否认，只是人的理性并非万能，并不能获取全部知识。首先，人的智力或理性不可能拥有全部知识。在哈耶克看来，能将知识增长等同于文明增长的情况只有一种，那便是当知识被解释为人们凭借过往经验适应周遭环境的产物。但是，如此解释进路的知识不是人所能拥有的，

---

①[英]哈耶克.自由宪章[M].杨玉生，冯兴元等译.北京：中国社会科学出版社，2012：44.

②[英]哈耶克.自由秩序原理（上）[M].邓正来译.北京：生活·读书·新知三联书店，1997：19.

③[英]哈耶克.自由宪章[M].杨玉生，冯兴元等译.北京：中国社会科学出版社，2012：44.

用哈耶克自己的话讲，就是"已经超出了我们的智力所能掌控的范围"①。其次，知识增长下的更大无知。近代科学发轫之初，西方明智之士桑蒂拉纳（Giorgio de Santillana）就有过"已被承认的人类无知将随着科学的进步而加大"②的判断。也就是说，知识的增长为我们不断开拓着无知的新领域，但与此同时，也日趋"复杂"了我们所创造的文明，从而为我们不断设置着认知周围世界的新障碍。结果就是，人们知道得越多，其所掌握的知识在全部知识中所占的比重就越小，"正是人类知识中的这个部分会使个人对其中大部分知识一无所知的状况有所加重"③。其三，伴随着越来越细密化的现代知识分工，单个个体对其他领域知识的无知程度必然增加，其所能拥有和掌握的知识，不过就是局限于其所知个别领域的以"个人知识"形式存在的有限知识。所以，"在这种个人知识极为有限而不完全之情形下，惟有赖于充分利用自己不知而为别人所知之知识，才能使社会进步、文化发展"④。哈耶克进而认为，既然"个人知识"是如此的有限，既然"必然无知"是如此的不可避免，那么，设计建构整体社会的可能性就不存在。

（二）理性不及

明确了"主张个人自由的论据是承认自己对决定我们是否能够实现目标，获取福利的许多因素具有不可避免的无知"⑤，这也就呼应了哈耶克对待人之理性问题上一向主张的"理性不及"之说。在上一章对哈耶克自由理论的思想渊源讨论中，我们知道了哈耶克自由理论根深蒂固的"英国传统"。就人类理性而言，英国传统理性主义是"批判的理性主

①[英]哈耶克.自由宪章[M].杨玉生，冯兴元等译.北京：中国社会科学出版社，2012：49.
②Giorgio de Santillana, The Crime of Calileo[M].Chicago：The University of Chicago Press，1955，p.34.
③[英]哈耶克.自由宪章[M].杨玉生，冯兴元等译.北京：中国社会科学出版社，2012：50.
④F.A.Hayek, The Constitution of Liberty[M].Chicago：The University of Chicago Press，1960，p.26.
⑤[英]哈耶克.自由宪章[M].杨玉生，冯兴元等译.北京：中国社会科学出版社，2012：52.

义"（Critical rationalism）。但与此同时，尚有一种与之对立存在的"法国传统"理性主义——"天真的理性主义"，也叫"理性的建构主义"（Rationalist constructivism）。显然，哈耶克在对待理性问题上秉承了"英国传统"的批判理性主义，认为人的理性是有限的。为此，哈耶克对"法国传统"的建构主义，尤其是以笛卡尔为代表的"笛卡尔式极端理性主义"进行了批判。认为笛卡尔把宇宙中一切合理的东西视为人类理性创造之产物的观点，忽视了社会自然形成的演化力量。这种理性主义"乃是近代社会主义、计划经济与极权主义之所本"[①]。哈耶克对待人类理性的态度是极其苛刻审慎的，他甚至将理性看成是一个极其危险的"危险品"，理性"犹如一个危险的爆炸物，如果小心管理处置将非常有益；如果不小心管理处置，则可能将整个人类文明炸毁"[②]。当然，哈耶克对理性之批判并非意味着他完全否定人类理性，而是想在明晰全知全能理性之危害的情况下，让人们看清人类理性是有限度的。哈耶克认为，既然任何个人均无法掌握关于人类社会行为的全部知识，那么任何个人也就不可能具备完全理性。理性"万能论"终将由于误信和滥用理性而摧毁理性。人类理性既然存在不可克服的局限，也不可能预知其自身的发展，因而也就不可能有能力来构设未来社会与自然状态。那么，看似是人之理性设计成果的人类文明，究竟是怎么产生的？哈耶克将之归结为扩展（自生自发）秩序。

（三）扩展秩序

在对人类理性得出"理性不及"、进而推导出人类对秩序与知识"必然无知"的逻辑论证下，哈耶克引出其自生自发秩序理论。实际上，在哈

[①]Hayek, Studies in Philosophy, Politics and Economics[M]. London：Routledge & Kegan Paul, 1967,p.85.

[②]Hayek, Studies in Philosophy, Politics and Economics[M]. London：Routledge & Kegan Paul, 1967,p.94.

耶克1944年出版的《通往奴役之路》中即已初见"自发秩序"的字面表述，在其20世纪70年代出版的《法律、立法与自由》三卷本中确立了自生自发秩序的正式表述，而在其1988年出版的《致命的自负》中，"自发秩序"则被以"扩展秩序"之名命之。哈耶克认识论所秉持的"必然无知"和"理性不及"思想主张，带给我们一个不得不思考的问题：人类社会的有序运行状态以及人类文明是凭借着什么力量实现的？哈耶克将之归结为规则秩序。在哈耶克眼中，人类社会秩序分两类：一类是规则秩序，亦称扩展（自生自发）秩序；另一类是目标秩序，亦称建构秩序。扩展秩序这一核心概念在哈耶克生前最后一本重要著作——《致命的自负》中得到了集中阐释，原系哈耶克20世纪50年代所阐述的自生自发秩序。扩展秩序，它类似于自然规律，本身不以人之目标与主观意志为转移，是由一系列基础性的、大而化之的原则和规则组成，进而构成人类社会的基本秩序范式。需要强调的是，哈耶克认为"扩展秩序并不是人类的设计或意图造成的结果，而是一个自发的产物：它是从无意之间遵守某些传统的、主要是道德方面的做法中产生的，其中许多这种做法人们并不喜欢，他们通常不理解它的含义，也不能证明它的正确……"[1]。由此我们可以看到，哈耶克所说的"扩展秩序"类似于一个自然选择过程。在这个过程中，形成一系列并非人类特意追求与计划，而是在无人能预知其后果的情况下经漫长岁月自发进化而成的人际关系调整规则。这些规则是人们通过体验、传授、适应而逐步形成的，大多数的道德规范和法律也都是人们在体验、传授、适应中逐渐形成的。"通过学习得到的道德规范和习俗日益取代了本能反应，但这并不是因为人利用理性认识到了它们的优越之处，而是因为它们使超出个人视野的扩展秩序之发展成为可能，在这种秩序中，更为有效的相互协调使其成员即使十分盲目，也能够养活更多的人口并取代另一些群体"[2]。在扩展秩序提供的制度空间下，每个人都有机会利用自己的知

---

[1][英]哈耶克.致命的自负[M].冯克利，胡晋华等译.北京：中国社会科学出版社，2009：1.

[2][英]哈耶克.致命的自负[M].冯克利，胡晋华等译.北京：中国社会科学出版社，2009：21-22.

识实现自我目的，与此同时，"扩展秩序以一种单凭良好的愿望无法做到的方式，弥补了个人的无知，因而确实使我们的努力产生了利他主义的结果"①。回归到人的自由这一主题，哈耶克认为，自由同样是扩展（自生自发）秩序的产物，"尽管自由不是一种自然状态，而是一种文明的造物，但它也绝非源于人为设计"②。

①[英]哈耶克.致命的自负[M].冯克利，胡晋华等译.北京：中国社会科学出版社，2009：译者的话.
②[英]哈耶克.致命的自负[M].冯克利，胡晋华等译.北京：中国社会科学出版社，2009：81.

第四章　哈耶克自由理论的历史再现

　　再现，乃一西方艺术哲学重要概念，但又不限于艺术领域，在关涉政治、社会、历史、文化等领域问题的探索上均离不开"再现"。甚至可以说，"再现基本上是一个认识论的概念"①，最早可追溯为古希腊的"mimesis"一词，即"摹仿"这一概念，指称"用和其他现象的特征相似的特征再现有生命和具体的东西"②。后随西方哲学史的不断发展，其含义、功用乃至称谓术语等均发生了不断流变。近代以来，西方认识论传统下的再现概念"主要用来沟通人与外在世界、观念与实在、心与身等二元结构。它试图通过探讨人类知识的来源和基础来解决人类知识的合法性问题，从而为作为真理的知识寻求和确定标准"③。身处近代世界哲学浪潮中的哈耶克，其自由理论所蕴含的否定性自由、个人自由、自生自发秩序等三大要素构成并非凭空产生，而是有着与"再现"颇为相似的自由要素演变史，也就是有着从要素"种子"最终生长成为"参天大树"的演化过程。为解决哈耶克自由要素构成分析的"合法性问题"，并确证关于哈耶克自由要素分析结论的合理性，以及"为作为真理的知识寻求和确定标准"，本章将对哈耶克自由理论的每一要素构成做一"历史再现"。这种"再现"或出自于当时的理论批判，或出自于当时的社会现实批判。

---

①Ananta Sukla, ed. Art and representation: contributions to contemporary aesthetics[C]. Westport: Praeger Publishers, 2001.1.

②[波兰]沃拉德斯拉维·塔塔科维兹.古代美学[M].杨力译.北京：中国社会科学出版社，1990：29.

③周静.论再现概念的历史嬗变[J].九江学院学报（社会科学版），2012（4）：45-50.

一、否定性自由要素的历史再现

哈耶克自由理论的否定性要素的形成，还原到历史中，与对"原子论个人主义"和"建构论唯理主义"的批判密切相关。

（一）否定"原子论个人主义"

英国哲学家托马斯·霍布斯（Thomas Hobbes）曾指出，"每一样东西都可以经由它的各种构成性原因而得到最佳的理解"①。因此，"在我们可能知道整个混合体之前，我们有必要知道那些将被混合在一起的事物"②。对人类自由问题的探索，同样离不开对作为构成人类社会这一"混合体"的个人的审视。由此，开启了对社会问题认知的一种源自"个人主义"范式的解释模式，即方法论个人主义（Methodological individualism）。正如大卫·普雷契特科（David L.Prychitko）曾经说过的一句话："方法论个人主义的原则在于这样一种信念，即个人构成了人之科学中分析的终极单位。根据这项原则，所有的社会现象，在不考虑有目的行动者个人的计划和决策的情况下，是不可能得到理解的。"③哈耶克展开其自由理论研究的立足点就是深深扎根于"个人"这一自由主体，"个人主义"是哈耶克建构其自由理论的"方法论"基础，也是深刻洞见哈耶克自由理论精髓的认知基础。那么，何谓方法论个人主义？方法论个人主义的雏形是什么？英国哲学家哈姆林（A.P.Hamlin）将这一问题分解映射为"三个基本命题"："第一，人之个体乃是社会、政治和经济生活中唯一积极主动的

---

① The English Works of Thomas Hobbes,ed.,Sir W.Molesworth.London；Johyn Bohn,1839-1884,vol,I,p.67；vol.Ⅱ pp.xiv,p.109,转引自Steven lukes,"Methodological Individualism Reconsidered",in Petet J.Boettke,ed., The Legacy of Friedrich von Hayek（Ⅱ：Philosophy）,Edward Elgar Publishing Limited,1999,p.162.

②③ David L.Prychitko, "Methodological Individualism and the Austrian School：A Note on its Crities",in Peter J.Boettke,ed., The Legacy of Friedrich von Hayek（II：Philosophy）,Edward Elgar Publishing Limited,1999,p.121.

参与者；第二，个人在进行决策的时候将为了自己的利益行事，除非受到强制；第三，没有人能够像利益者个人那样了解他自身的利益"①。毋庸置疑，哈耶克的"方法论个人主义"在很大程度上就是秉承了这"三个命题"所蕴含的基本精神和思想要旨，从个人主义出发展开了其否定性自由理论的建构。

然而，当方法论个人主义雏形自被论者提出之日起，与之相对的整体主义也日渐进入学界视野。方法论个人主义者的典型观点和基本主张是，"社会应当被认为是一种个人的集合，而这些个人彼此之间的关系则纯粹是外部的关系"②，在此情况下，政治与社会制度相较个人仅处次位；而整体主义者的主张却与之恰好相反，在个人、集体与国家的关系问题上，将个人置于次位，将集体与国家置于首位。对此，孔德给予了形象的总结。他说，在整体主义者的认知头脑里，一个集体、一个社会或者一个国家是绝对不可以被分解的，这一事实就如"同几何面不可分解成线条或线条不可分解成点一样，也不可以分解成个人"③的道理。就此引发的双方的学术论战也是屡见不鲜，典型的有被杰弗里·亚历山大（Jeffrey C. Alexander）所称之为的"集体论的秩序理论"和"个体论的秩序理论"④间大论战、塔德（Gabriel Tarde）与涂尔干（Durkheim）间大论争、古典经济学"抽象理论派"与经济学"历史学派"间的论争等。在论战波及哲学领域的过程中，一种界分两种个人主义的方法论进路——"本体论的"（ontological）与"方法论的"（methodological）实现了正向转换。哈耶克也正是在这一

①A.P.Hamlin, "Procedural Individualism and Outcome Liberalism", in F. A. Hayek: Critical Assessments,ed,by J.C.Wood and R.N.Woods,Routledge,1991,Vol.IV,P.19.转引自：邓正来.哈耶克方法论个人主义的研究[J].浙江学刊，2002（4）：53—69.

②M.Ginsberg, On the Diversity of Morals, London：1956,p.151,转引自：G.B.Madison, "How Individualistic is Methodological Individualism？", in Peter J.Boettke,ed., The Legacy of Friderich von Hayek（Ⅱ：Philosophy）,Edward Elgar publishing Limited,1999,p.140〔1〕.

③A.Comte,Systeme de Politique Positive,Paris：L.Mathias,1951,vol.Ⅱ,p.181,转引自Steven Lukes, "Methodological individualism reconsidered", in Peter J.Boettke,ed., The Legacy of Friedrich von Hayek（Ⅱ：Philosophy）,Edward Elgar Publishing Limited,1999,p.162.

④[英]杰弗里·亚历山大.社会学二十讲[M].贾春增等译.北京：华夏出版社，2000：8—9.

转换中否定了原子论个人主义（哈耶克也将之称为"伪个人主义"），提出了其"真个人主义"的主张。

　　诚然，哈耶克自由理论的立基点就是"个人"，但哈耶克眼中的"个人"绝非"原子论个人主义"中的"个人"，这正是哈耶克区别于其他许多西方自由主义思想家的过人之处，也奠定了其自由理论虽历经沧桑岁月与时代变迁，然而跨越社会意识形态却依然能经久不衰的理论地位。哈耶克认为，"原子论个人主义"者"把作为个人主义基设的'个人'竟然理解成了在事实上自足于社会并在本体论上先于社会或者先于其在社会中的成员身份的那种孤立的个体实在"①。或者可以更明确地讲，"原子论个人主义"者们主张"个人主义乃是一种以孤立的或自足的个人的存在为预设的（或者是以这样一项假设为基础的）观点"②。哈耶克认为这种主张是对个人主义的一种严重误解，甚至是一种愚蠢至极的误解。实践中也极有可能会导致无政府主义。哈耶克认为，个人并非是一个个独立于他人、独立于文化、独立于社会的"原子式"存在，而是一种与社会、制度、文化以及他人紧密相关的社会性动物。在具体社会政治生活中，真正的"个人主义"中的"个人"乃是"只能当他作为并非由若干个人按照刻意的方式集中控制并计划的社会共同体的成员时才能作为个人而存在"③。显然，哈耶克的"真个人主义"认为"个人"并非如"原子论个人主义"所主张的那种个人是孤立的或自足的存在，个体之间也并非是纯粹的外部关联，而更多的是一种出于心智方面的内在关联。同时也可以看出，哈耶克在阐明其"真个人主义"个人观的过程中，其自由理论的否定性要素也开始萌发，如其所言，个人所存在于其中的"社会共同体"须是"并非由若干个人按照可以的方式集中控制并计划的社会共同体"。那么，哈耶克既然肯定了

---

①邓正来.哈耶克方法论个人主义的研究[J].浙江学刊，2002（4）：53-69.

②邓正来.规则·秩序·无知——关于哈耶克自由主义的研究[M].北京：生活·读书·新知三联书店，2004：6.

③邓正来.哈耶克方法论个人主义的研究[J].浙江学刊，2002（4）：53-69.

个人与他人、社会和集体的这种不可避免的内在关联，是否就意味着他对社会和集体也持有同样的肯定性态度？其实不然，哈耶克另有见地，对集体主义也进行了批判，这种批判是集中呈现于其对"建构理性主义谬误"的批判。

（二）批判"建构论理性主义"

理性是人类特有的一种属性，也是人类区别于其他动物的标志。既然如此，论及人的自由问题，就不得不牵涉到人的理性，是理性燃起了人类的自由欲求，也是理性指引了人类的自由追求。特别是自近代欧洲"文艺复兴"和法国思想启蒙运动以来，人类理性日益被弘扬和高举，人的自由问题与人的理性被前所未有地捆绑在一起，人类理性成为人类实现自由的一种力量和武器。于是，一种被哈耶克视为"建构论理性主义"的关于人类行为考察的哲学观开始活跃在人类自由认知的历史舞台，出现了一批如笛卡尔（Rene Descartes）、卢梭（Jean-Jacques Rousseau）、边沁（Jeremy Bentham）、孔多塞（Condorcet）等建构论理性主义的思想家。建构论理性主义的一个基本信念就是笛卡尔所主张的"怀疑一切"（radical doubt）的态度，建构论理性主义的理性底气是来自于全知全能的知识观。凡是"不能以逻辑的方式从'清晰且独特的'明确前提中推导出来的从而也不可能加以怀疑的东西视作为真实的东西"[①]都将被排斥、都将被拒绝。在建构论理性主义"怀疑一切"的立场操持下，那些不能以此标准被证得有效性的所有行为规则都将被无情剥夺和决然舍弃。因为建构论理性主义者相信，"人们的先天知识和道德禀赋使人能够通过审慎的思考来型构所有的社会制度"[②]，即使宗教法律、道德观念、货币、市场、语言文化等，也不过是

---

①[英]哈耶克.法律、立法与自由（第1卷）[M].邓正来等译.北京：中国大百科全书出版社，2000：4.

②杨庐峰.马克思否定辩证法视域下哈耶克否定性思想研究[D].博士学位论文，辽宁大学，2018：51.

由人经刻意思考而得以建构的产物。人的理性被放大成为可以忽略一切经验而建立一个崭新世界的无所不在的力量。

面对"建构论理性主义"的认知模式，哈耶克意识到个人自由将会遭遇的灾难性后果，针锋相对地提出其"进化论理性主义"并批判了"建构论唯理主义"。哈耶克自始至终都认为人类理性是"有限理性"，人们所掌握的"事实性知识"存在着"永恒局限"①，其对"建构论理性主义"的批判同样离不开这一基本研判。哈耶克认识到，"建构论理性主义"将会导向错误的结论，并在实践中极有可能导致完全无视个人自由而对社会施以专断控制的不良社会发展倾向的无限蔓延。之所以如此，乃在于"建构论理性主义"是基于一种"人主要是经由他所拥有的从明确前提中进行逻辑演绎的能力而成功主宰其周遭环境的"②基本假设。在对这一基本假设的否定中，哈耶克道出了其所主张的"进化论理性主义"观点。哈耶克认为，这一基本假设在事实上就是错误的，因为"在我们生活于其间的社会中，我们之所以能够成功地对我们自己做出调适，……不仅是因为我们的同胞受着已知的目的的支配，……而且是因为他们也受着这样一些规则的约束——而对于这些规则所具有的目的或起源，我们常常是不知道的，甚至对于这些规则的存在，我们也常常是不意识的"③。而哈耶克提到的这些不被意识到存在的"规则"则是每一个人在"他生活于其间的社会中经由一种选择过程而演化出来的"④。也就是说，在人类有限理性的客观实际面前，"人对于诸多有助于实现其目标的力量往往处于必然的无知状态之中"⑤。尽管如此，

①[英]哈耶克.法律、立法与自由（第1卷）[M].邓正来等译.北京：中国大百科全书出版社，2000：8.

②[英]哈耶克.法律、立法与自由（第1卷）[M].邓正来等译.北京：中国大百科全书出版社，2000：7.

③[英]哈耶克.法律、立法与自由（第1卷）[M].邓正来等译.北京：中国大百科全书出版社，2000：7.

④[英]哈耶克.法律、立法与自由（第1卷）[M].邓正来等译.北京：中国大百科全书出版社，2000：7.

⑤[英]哈耶克.自由秩序原理[M].邓正来译.北京：生活·读书·新知三联书店，1997：19.

可是在这种"必然的无知"所带给人的种种弊端面前，难道人只能逆来顺受吗？人对自由的追求难道就走进死胡同了吗？哈耶克当然并不如此认为，他看到了社会、集体和他人之于个人实现目标和自由的重要性，但又区别于"建构论理性主义"对社会、集体和国家的强调，哈耶克"进化论理性主义"下的个人实现其目标和自由的原理是"作为文明社会成员的人在追求个人目的方面，之所以比脱离了社会而独自生活的人更能成功，其部分原因是文明能使他们不断地从其作为个人并不拥有的知识中获益，而另一部分原因则是每一个个人对其特殊的知识的运用，本身就会对他人实现他们的目的有助益，尽管他并不认识这些人"①。由此，人的自由不应该受制于任何他人、社会、集体乃至国家的强制，因为每一个人的知识都是有限的，不可能设计出放之四海而皆准的规则体系。哈耶克"进化论理性主义"成为其否定性自由要素的直接来源。

二、个人自由要素的历史再现

哈耶克自由理论中个人自由要素的历史性生成，同样源出于其人之理性限度的基本主张。既然人之理性并非万能，那么任何人都将无法凭借自身知识与理性掌握全部社会发展规律，因此，整个社会发展只能依靠整合在一起的个人知识朝着共同目标推向前进。而个人知识的形成以及不同个人的才能、个性、聪明智慧等的充分发挥，要求个人必须被赋予充足的个人自由。这是哈耶克个人自由要素生成的一个内在理路，但就历史再现而言，哈耶克自由理论的个人自由要素是在"自由与理性"关系的辨析（尤其是批判理性主义）中形成。

（一）对理性戕害个人自由的警惕

18世纪法国启蒙运动以来，人类理性觉醒，理性犹如滴入湖泊中的一

---

① [英]哈耶克.自由秩序原理[M].邓正来译.北京：生活·读书·新知三联书店，1997：23.

滴红色墨汁，逐渐扩散开来，浸染了那个时代。某种程度上，思想启蒙成为"理性"与"自由"的启蒙，如康德所言，"必须永远有公开运用自己理性的自由，并且唯有它才能带来人类的启蒙"①。显然，崇尚理性相较于眷恋上帝是人类社会进步跨出的一大步，运用理性实现自由也是人类自由史向前迈进的一大步。至此，理性成为人类实现自由的力量源泉与不竭动力。西方世界似乎瞬间成为一个理性的世界，那个时代似乎瞬间也成为一个理性的时代。可令人遗憾的是，尽管理性的大旗被高高举起，但却在这个所谓的理性的时代产生了诸多的不理性，人类社会进入了一个崇尚理性却背离理性的非理性时代。马克思形象地将这一现象概括为"思维着的知性成了衡量一切的唯一尺度……是世界用头立地的时代"②。一时间，理性成为取代上帝之后的无所不能的存在，运用理性实现自由的能力被无限放大。当然，在这一过程中一部分人的确实现了其以达到所追求的目的为尺度的自由，人类就此陷入对建构理性这一"通天塔"的无限迷恋中。波普尔甚至直言，要为整个社会理性地做出计划，并将重构社会整体秩序称作"乌托邦社会工程技术"。殊不知，人类理性在试图征服一切的运动中、在过度运用理性追求自由的过程中，却走向了自由相反的一侧——以自由名义压制了自由。对此，"鲍曼之问"的总结精深入理："世界的主宰，或者至少是世界的潜在主宰，已经通过理性化降临到人类头上了。人类已经取代上帝，成为自身命运的主人。但是，这一陈述中并未澄清，那位取代了上帝而成为主人的'人'，与主宰了自身命运的'人'是否是同一类人。"③的确，人类通过理性摆脱了上帝束缚，但摆脱上帝束缚之后的人果真就能自我主宰命运吗？显然不确定。在那个痴迷理性的时代，上帝退出人类自由主宰者舞台后，一种具有全知全能的理性设计者——圣贤便取而代之，专制主义降临。当然，人们会以自由名义要求终止这种专制，

---

① [德]康德.历史理性批判文集[M].何兆武译.北京：商务印书馆，1996：24.
② 马克思恩格斯选集（第3卷）[M].北京：人民出版社，1995：719.
③ [英]泽格蒙特·鲍曼.自由[M].杨光，蒋焕新译.长春：吉林人民出版社，2005：61-62.

但终结专制并不必然带来真正的自由，"个人自由的遗失为理性的专制暴政提供了致命的借口，并最终冻结了人们热望自由的所有情感源泉"①。可见，理性之于自由，如同"成也萧何败也萧何"的中国历史典故，走进了"成也理性败也理性"的循环怪圈。理性主义者思考问题时的一个基本潜台词就是"圣贤比你更知道你自己，因为你是你的激情的牺牲品，是过着他律生活的、半盲的、无法理解自己真实目标的奴隶"②。于是，作为个体的个人就会自觉不自觉地认为，"既然我自己可能并不是充分理性的，那么，我就必须服从那些的确是理性的、不仅知道对他们自己什么是最好而且知道对我什么是最好的人的指导，他们将指导我遵循最终将唤醒我真正的理性自我的路线，将这种自我置于自己的看管之下——这是自我的真正归宿"③，当自我真正理性被唤醒之时，自己才能真正自我控制，也才能真正实现自由。那么，"那些的确是理性的、不仅知道对他们自己什么是最好而且知道对我什么是最好的人"到底是什么样的人，如此秩序的世界又是一个何种模样的世界？边沁（Jeremy Bentham）给出了答案，这是"一个充满生气的社会、一个富有秩序的社会、一个没有罪恶的社会，一个不合作行为极易显现并迅速得以处理的社会，一个积极为其成员们寻求最高收益和最大幸福的社会，一个功能齐全、为自身生存和成功创造了条件的社会"④。

哈耶克对理性主义者的自由论断高度警惕，并对理性主导下的自由路径做出批判。哈耶克坚持认为，人的无知是不可避免的，人的理性永远是有限度的，任何一个权力中枢都不可能充分掌握分散在个人手中的全部知识，也不可能掌握每个人据以行动的他自己所知晓的特定事实，更不可能掌握每个人据以行动的而连他自己可能都无从知晓甚至不可能知晓的大量

---

① 禹哲.个人自由的理性之维——哈耶克自由思想研究[D].博士学位论文，辽宁师范大学，2007：13.

② [英]以赛亚·伯林.自由论[M].胡传胜译.南京：译林出版社，2003：221.

③ [英]以赛亚·伯林.自由论[M].胡传胜译.南京：译林出版社，2003：372.

④ 申建林.对理性主义自由观的反思[J].武汉大学学报（社会科学版），2001（3）：343-347.

其他事实。因此，个人自由的实现不可能由根本不可能全知全能的"圣贤""当权者"或者国家来予以主宰，因为"人对其周遭的一般环境所做的这种成功调适，是他经由遵守这样一些规则而实现的，而这些规则并不是出于人的设计而且人也往往并不明确知道它们"①。由此，国家的存在形式与价值应该体现在它是一个拥有个人理想目标的分立个人的"自由人"联合体，而不应该体现在它是一个被特定共同目标所指引的事业联合体。"如果一个自由社会不承认每人都有他自己有权遵从的价值，那么便不可能尊重个人的尊严，也不可能真正了解自由的真谛"②，因为一个受单一集体道德观与目的观支配下的社会常常会扼杀分立知识的应用、增长以及传播。哈耶克预见到了理性过度滥用戕害自由的必然性，所以他坚持主张真正的自由是个人自由，而非集体自由，更非置个人自由于不顾而运用理性去追求集体特定目标的自由。试图有意识地控制或指导社会进程的尝试不仅不能实现，而且只会剥夺自由进而摧毁人类文明。

（二）对"自由作为重要价值"的理论论辩

个人自由不可依赖于任何理性设计，也不可寄托于任何机构载体。那么，哈耶克所主张的个人自由又该如何实现，也就是说，如何为个人自由的实现寻得一个比建构理性秩序更可欲或更具"助益性"的非经理性设计的更好秩序，这是哈耶克建构其自由理论难以逾越的棘手问题。对此，哈耶克认为，"就建构自由理论而言，更为重要的乃是对自由为什么是一个重要价值的问题做出论证"③。围绕"自由作为重要价值"这一命题，哈耶克从三个方面做出了理论论辩。其一，哈耶克在与亚当·弗格森（Adam Ferguson）、休谟、亚当·斯密以及门格尔等苏格兰启蒙运动思想家的自

---

①[英]哈耶克.法律、立法与自由（第1卷）[M].邓正来等译.北京：中国大百科全书出版社，2000：8.

②[英]哈耶克.自由宪章[M].杨玉生，冯兴元等译.北京：中国社会科学出版社，2012：117-118.

③[英]哈耶克.法律、立法与自由（第1卷）[M].邓正来等译.北京：中国大百科全书出版社，2000：12.

由理路保持一脉相承的基础上提出，"自由与自生自发秩序不仅是相容的而且也是它的规定性之所在，更是人在自由尝试和自由努力的过程中所体认到的价值本身，这是因为可辨识的和稳定的秩序状态能够从非指导的或非设计的个人自由的行动过程中产生"①。个人自由这一要素在哈耶克关于"自由与自生自发秩序"关系梳理中得以析出，并成为自生自发秩序的行动来源，而且，彼时的"个人自由"就被哈耶克赋予了"非指导的或非设计的"规定性。其二，顺着"第一个论辩"的论辩观点，哈耶克接着提出，"透过干涉个人自由而力图重新建构社会秩序和设计社会分配模式的做法是极具危害的，因为这种建构论的唯理主义做法只会致使隐含于自生自发秩序之中的种种理性不及的自由力量丢失或蒙遭扼杀"②。从蕴藏于自发秩序中理性不及的自由力量可能被扼杀的角度出发，哈耶克进一步指出了"个人自由"以及其"不被干涉"的重要性。最后，哈耶克提出了其"自由理论作为重要价值"理论论辩中最为繁复的"第三个论辩"，即"自由不只是人获致幸福的必要条件——这是因为自由能使人享受到只有自由的社会秩序所能确保提供的各种助益，而且是使人拥有或把握一种默会的知识的前提条件"③。在这一论辩中，哈耶克从对"有助益"的社会秩序的原理阐述中证得了个人自由的不可或缺性。

通过哈耶克三个理论论辩的相关内容可以分析得出，哈耶克眼中的"有助益"的社会秩序（自生自发秩序），应该是一个能较好地服务于处于这一秩序中的个人的利益的社会，或者应该是一个能较好地运用这一秩序参与者的个人知识并能确保每个人在追寻各自自身目的的同时也能达到彼此知识协调的社会。在这样的一个社会秩序中，个人可以自由运用其

---

①[英]哈耶克.法律、立法与自由（第1卷）[M].邓正来等译.北京：中国大百科全书出版社，2000：12.

②[英]哈耶克.法律、立法与自由（第1卷）[M].邓正来等译.北京：中国大百科全书出版社，2000：12.

③[英]哈耶克.法律、立法与自由（第1卷）[M].邓正来等译.北京：中国大百科全书出版社，2000：13.

自己的知识，同样也可以自由地将自己所拥有的知识协调于他人之知识。在这一自由的社会秩序条件下，每个人的个人目的得以达成。可以看出，哈耶克的思想要旨在挑明一个事实，即社会进步只能发生在每个个人追逐他自己目的的过程中。当然，哈耶克强调自发秩序中的个人自由，并非因为不受强制的个人在自发秩序中能够发展出应对变动不居世界情势的更正确的预见力，而是"因为个人的自由能够使他的行动与特定的情势相调适"①。

三、自生自发秩序要素的历史再现

对于自生自发秩序这一概念，哈耶克曾用森林中的羊肠小道对其进行过形象而生动的譬喻："森林中形成羊肠小道之前，每个人都各自寻找自己的道。经过一段时间后，某些道路因为更经常地得到利用而变得较易于行走"②，充分阐明了自生自发秩序是一种"人之行动而非人之设计的结果"的概念要旨。而作为贯穿哈耶克自由理论始终的自生自发秩序思想，哈耶克本人并未对其进行过专门总结，本文试图从哈耶克不同历史时期自发秩序的思想脉络与形成过程对其做一要素性历史再现。

（一）自生自发秩序发轫："曼德维尔悖论"

哈耶克出生于一个知识分子世家，从小受其父母亲尤其是父亲老哈耶克的深刻熏陶，很早就"读了雨果·德·弗利茨和奥古斯特·魏斯曼关于基因和进化论的作品，以及路德维希·费尔巴哈的哲学著作，这为他的文化进化论以及自生自发秩序理论打下了基础"③。而要说哈耶克自生自发秩序的发轫，最早可追溯到英国古典经济学家伯纳德·曼德维尔（Bernard Mandeville）的著作——《蜜蜂的寓言》所蕴含的自由思想。尽管曼德维

①[英]哈耶克.自由秩序原理[M].邓正来译.北京：生活·读书·新知三联书店，1997：81.
②[美]布鲁斯·考德威尔.哈耶克评传[M].冯克利译.北京：商务印书馆，2007：293.
③Hayek, UCLA Oral History 1978 Interview[M].LosAngeles： UCLA，2001，pp.32-38.

尔因该书提出的"曼德维尔悖论"引来骂声一片，被视为无耻之徒，凯恩斯（John Maynard Keynes）更是如是评价道："该书在人文科学史上，以声名狼藉著称，1723年，英国米德尔塞克斯州之大陪审官曾宣判该书为败类"①，但"曼德维尔悖论"对经济学的贡献却可以说是带有鼻祖意义的，这一"悖论"的直观表述如其书名副标题"私人的恶德，公众的利益"②。曼德维尔在《蜜蜂的寓言》一书中指出，"人生来就是一种自私自利的难以驾驭的动物，每个人都是自私的卑鄙小人，人类行为的动机也都发端于利己心"③。对此，曼德维尔做了一个形象比喻，即社会是"大蜂巢"，社会上各行各业的人是这个"大蜂巢"里的蜜蜂。蜜蜂们为了自身利益几近疯狂地日夜拼搏着，社会中的人也如此，在这个追逐利益的过程中，人性的恶德在蜜蜂身上一览无余。然而，令人奇怪的一个现象是，尽管这些蜜蜂都在疯狂追逐自身利益，但整个"大蜂巢"却呈现出一片欣欣向荣、昌盛繁荣之景象。曼德维尔由此联想到了与蜜蜂命运类似的人类，人类也是"为了自己的私欲每天都忙忙碌碌，但正是每个人的私欲和贪婪才构建了一个繁荣的社会，也促进了社会的进步和发展"④。也就是说，人类和蜜蜂一样，在复杂的社会秩序这个"大蜂巢"中，无论是出于自利还是他利的目的，只要是在追逐自己的目标，均会产生连他自己都一无所知甚至未曾预料到的对他人有益的结果。正是这一"悖论"，成为亚当·斯密自由经济理论的直接思想来源。亚当·斯密从"利己心"（self-love）和"同情心"（sympathy）出发，认为通过"市场机能"就可同时实现人的这两种动机。具体而言，即人类在从事各项经济活动的过程中，只需任由自己的利己心发挥作用，就可以在"看不见的手"的指引下自然而然地出现私利

①[英]凯恩斯.就业利息和货币通论[M].高鸿业译.北京：商务印书馆，1997：309.

②[荷兰]伯纳德·曼德维尔.蜜蜂的寓言——私人的恶德，公众的利益[M].肖聿译.北京：中国社会科学出版社，2002.

③转引自：张俊飞.曼德维尔的经济思想——以《蜜蜂的寓言——私人的恶德，公众的利益》为中心[J].山西高等学校社会科学学报，2012（4）：15-18.

④转引自：张俊飞.曼德维尔的经济思想——以《蜜蜂的寓言——私人的恶德，公众的利益》为中心[J].山西高等学校社会科学学报，2012（4）：15-18.

与公益相和谐的局面。亚当·斯密进而主张，要"放任自己的利己心的动机，去推进各种经济活动，政府不要妄加干预和束缚，自然会产生公私利益调和一致的和谐的经济秩序"①。亚当·斯密这只"看不见的手"成为哈耶克自生自发秩序的重要思想源泉，依此理路，哈耶克这种"人之行动而非人之有意识设计"的自发秩序正是发轫于"曼德维尔悖论"。

（二）自生自发秩序萌芽：批判国家干预主义

哈耶克自由理论的自生自发秩序要素的萌芽与其个人经历以及当时的社会现实境遇密切相关。尽管哈耶克出生家庭较好，但其生活的年代却动荡不安、战乱不断。历经两次世界大战的哈耶克看到了战争的残酷性，深刻同情犹太人的遭遇，彼时的他对英国苏格兰启蒙运动思想家秉持的"经验主义"与"不可知论"哲学日趋推崇，乃至他将二战视为是"英国式自由与德国式组织之间观念的对抗"②。战争的后果也是毁灭性的，二战结束初期，整个欧洲民生凋敝、满目疮痍，经济濒临崩溃。面对这样一个烂摊子，尝到了战时英国使用社会动员手段带来平等原则彻底践行"甜头"的大多数人，都希望这种社会动员模式和大联盟能够继续下去。于是，一种视与苏联结盟是正确选择的社会倾向便被普遍接纳。在这一过程中，英国工党领袖克莱门特·理查·艾德礼（Clement Richard Attlee）打败了战争英雄丘吉尔上台执政。艾德礼上台之后，以国家干预主义的执政理念对以古典自由主义为基石的资本主义社会带来了一场全新的洗礼，他推行国有企业，大幅提高社会保障水平。国家干预主义的成功推行缓和了英国社会矛盾，带来了经济复苏。与此同时，包括苏联、美国等国在内的许多其他国家也都看到战后德国计划经济的成功，纷纷实施计划经济，古典自由主义思想与自由主义经济体制渐渐淡出人们视野。以计划经济为主要特征的国家干预主义成为时代宠儿，以凯恩斯主义为典型代表的新自由主义成为西

①转引自：曹悦德.哈耶克新自由主义政治哲学思想研究[D].哈尔滨：黑龙江大学，2014：5-6.
②刘盈君.哈耶克自由主义思想论析[J].渭南师范学院学报，2020（9）：84-87.

方理论主流。

正值人们沉浸于国家干预主义带来的殷实生活之时，包括米尔顿·弗里德曼、哈耶克等在内的一些西方学者开始反思新自由主义理论以及建构于其上的社会经济体系。在反思中他们发现一个现象，德国、意大利、苏联等国相继在计划经济中走向了"极权主义"。由此他们意识到，"国家过分介入经济领域必然导致政治上的极权，最终背离自由；福利国家原本旨在实现社会公平，但是同时也滋长了人的惰性，影响了效率，从而诱发更多的不公平"①。正是在这样一个古典自由主义空前遭受质疑而国家干预主义却空前盛行的时代下，哈耶克扛起古典自由主义大旗，坚守古典自由主义思想阵地，用古典自由主义理论批判了国家干预主义。这一批判集中呈现于其与凯恩斯的那场世界性的大论争。1944年，哈耶克的震惊世界之作——《通往奴役之路》出版，在书中他"向世人和世界大声疾呼：大家先不忙努力走向计划经济之路，那是一条通向奴役之路"②！此书一出，无异于给当时狂热的世界注射了一支镇静剂，引起了人们对看似美好却暗藏压迫自由的国家干预主义或集体主义的审慎对待。当代自由主义思想家阿瑟·塞尔登（Arthur Seldon）描述道，"哈耶克已经成为伦敦经济学院——乃至在全世界中最坚定地捍卫古典自由主义的人了"③。哈耶克在《通往奴役之路》第一章——"被离弃的道路"中就忧心忡忡地指出，"根据目前占统治地位的见解，问题已经不再是如何才能最佳地利用自由社会中可以发现的自发力量。实际上我们已经着手取消那些产生不可预知后果的力量，并对一切社会力量加以集体的和'有意识'的指导，借以达到刻意选择的目标，来取代那些非个人化和匿名的市场机制"④，其中提到的"自发力量""那些产生不可预知后果的力量""非个人化和匿名的市场机制"

---

① 杨阳.哈耶克自由观评述[D].硕士学位论文，中共中央党校，2009：38.

② [英]哈耶克.通往奴役之路[M].王明毅，冯兴元等译.北京：中国社会科学出版社，2012：4.

③ Alan Ebenstein, Friedrich Hayek：A Biography[M]. New York：St Martin's Press, 2001, ch. 7, note 18.

④ [英]哈耶克.通往奴役之路[M].王明毅，冯兴元等译.北京：中国社会科学出版社，2012：47.

实际上就是其自生自发秩序思想的早期萌芽。

（三）自生自发秩序生成：社会秩序规则二元论

哈耶克自由理论的自生自发秩序这一要素的生成，实际上是伴随着其"社会秩序规则二元论"的确立而完成的，而其"社会秩序规则二元论"确立的前提又是立基于"两个批判"：一个是对"社会秩序规则一元论"的批判；另一个是对将"公法"与"私法"相混淆的批判。哈耶克首先批判了"社会秩序规则一元论"，在他看来，"那种信奉刻意设计和规划的制度优位于自生自发的社会规则的观点，实际上渊源于……公元前五世纪古希腊的智者们所提出的而且长期阻碍现代人确当理解社会秩序及其规则之独特性质的……'自然的'与'人为的'现象之间的二分观"[①]。哈耶克认为，古希腊先哲们这种非此即彼的"二分观"是极具误导性的，"不仅是含糊的，而且确切地讲也是错误的"[②]，因为此种"自然与人为"的二分观"既可以指独立存在之物（或独立于人之行动的现象）与作为人之行动之结果的东西之间的界分，亦可以指独立于人之设计的东西（或出现而非出自人之设计的东西）与作为人之设计之结果的东西之间的区别"[③]，而对于那些既属"自然"范畴又属"人为"范畴的"第三类范畴"却并未做出明确界定。哈耶克此处所指的"第三类范畴"实际上就是作为"人之行动且非意图或设计的结果"的"自发秩序"。在"二分观"主导下，"自然的"规则显然要让位于由理性设计加工后的"人为的"规则，这恰好成了笛卡尔建构论理性主义思想主张的哲学理据。哈耶克进而指出，二分法谬误观招致的结果是，"人们不愿意容忍或尊重无法视作理智设计产物

<hr />

①汪子嵩，范明生，陈村富，姚介厚.希腊哲学史（第2卷）[M].北京：人民出版社，1993：204-245.

②Hayek, New Studies in Philosophy, Politics, Economics and the History of Ideas[M]. London：Routledge & Kegan Paul, 1978, pp.4-5.

③[英]哈耶克.法律、立法与自由（第1卷）[M].邓正来等译.北京：中国大百科全书出版社，2000：20.

的任何社会力量，这一点倒是目前要求全面计划经济的一个非常重要的原因"①，在社会秩序规则观的设立层面，这就是要导向一种"力图切割掉所有差异和无视所有不可化约的价值进而扼杀个人自由的'一元论的社会观'"②。这与哈耶克一贯坚持的"建构论理性主义"批判是一脉相承的，只不过是升级版的"现代图式"的批判。由此，哈耶克提出了其所主张的"三分观"，即要在"自然的"与"人为的"现象间"设定一种独特的居间性范畴，即人在其行动与其外部环境互动的过程之中所凸显的所有那些产生于人之行动而非产生于人之设计的制度或模式"③。

其次，哈耶克对将"公法"与"私法"相混淆的谬误进行了批判。在"社会秩序规则一元论"支配下，法律制度成为"人为的"规则的典型代表形式，与此同时，"公法"替代"私法"的趋势也在不断强化。在哈耶克所处的那个时代，"公法"渗透乃至取代"私法"的趋势占据了支配地位。哈耶克认为这样的做法"几乎完全摧毁了作为一种普遍行为规则的法律与作为指导政府在特定情势之中如何行事的命令的法律之间的区别"④，因为"公法"与"私法"完全是两种不同属性的规则体系，"私法主要是指那些支配着个人行动和交易的规则，而公法则主要是指那些下达于各层人员执行集体计划或具体目的的组织命令"⑤，二者是不能混淆的，更不能以"公法"渗透或替代"私法"。或者更明确地讲，从立法目的层面看，"私法"并未有实现任何特定结果的念想，而"公法"则旨在实现特定目标。另外，哈耶克对"公法"与"私法"相混淆的后果亦给予了高度警惕，他认为，将二者相混淆的做法极易引发人们"私法只服务于特定个

①[英]哈耶克.个人主义与经济秩序[M].贾湛等译.北京：北京经济学院出版社，1991：24.

②[英]哈耶克.不幸的观念：社会主义的谬误[M].刘戟锋译.北京：东方出版社，1991：159-169.

③Hayek, Studies in Philosophy, Politics and Economics[M]. London：Routledge & Kegan Paul, 1967, pp.96-99.

④Hayek, New Studies in Philosophy, Politics, Economics and the History of Ideas[M]. London：Routledge & Kegan Paul, 1978, pp.81-82.

⑤Hayek, Law, Legislation and Liberty： Rules and Order（Ⅰ）[M]. Chicago: The University of Chicago Press, 1973, p.132.

人的利益，而惟有公法才服务于公益"①这一完全颠倒真相的错误认知。对此，哈耶克明确给出了自己的阐释，澄清了"公法"与"私法"关系的事实真相。哈耶克指出，其实"整个私法制度并不只是为了实现个人的利益，而且亦将经由保障个人利益进而增进整个社会的一般利益"②，因此，于每个人而言，"自生自发秩序为我们所提供的东西，要比政府组织所能够提供的大多数特定服务更为重要"③。

哈耶克关于"社会秩序规则一元论"以及将"公法"与"私法"相混淆的批判为其法律理论和"社会秩序规则二元论"奠定了知识论基础。在此基础上，哈耶克阐述了其"社会规则秩序二元论"，自生自发秩序思想由此得以生成。在哈耶克确立其二元论之前，他有一个基本判断，即单凭社会秩序规则不能型构社会秩序，而单凭行动者个人目的也不能型构社会秩序，社会秩序的型构应在行动者遵循某些行为规则进而采取行动的结果中产生。哈耶克由此确立了其"社会秩序规则二元论"。哈耶克眼中的社会规则借用希腊术语的表述方式可分为两类：一类是内部规则；另一类是外部规则。这两类规则分别对应两类不同的社会秩序类型，即内部秩序与外部秩序。哈耶克所定义的内部规则，就是指那些"在它们所描述的客观情势中适用于无数未来事例和平等适用于所有的人的普遍的正当行为规则，而不论个人在一特定情形中遵循此一规则所会导致的后果……它们导致了一平等抽象的和目标独立的自生自发秩序或内部秩序的型构"④。与此同时，那些凭借当权者意志而成的、常常表现为特定命令的外部规则——

①Hayek, Law, Legislation and Liberty： Rules and Order（Ⅰ）[M]. Chicago: The University of Chicago Press, 1973, p.132.

②Hayek, Law, Legislation and Liberty： Rules and Order（Ⅰ）[M]. Chicago: The University of Chicago Press, 1973, p.132.

③Hayek, Law, Legislation and Liberty： Rules and Order（Ⅰ）[M]. Chicago: The University of Chicago Press, 1973, p.133.

④Hayek, New Studies in Philosophy, Politics, Economics and the History of Ideas[M]. London：Routledge & Kegan Paul, 1978, p.77.

"只适用于特定之人或服务于统治者的目的的规则"[①]，哈耶克也给予了充分的尊重和正视。哈耶克"社会秩序规则二元论"的主体面貌至此得以明确。但需强调的是，这两类规则及其所对应的两种秩序在哈耶克看来并非"势不两立""水火不容"，他认为，"自由社会的自生自发秩序尽管区别于组织秩序，但却并不对那些作为行动者的组织（其中包括最大的组织即政府）予以排斥，而且自生自发的社会秩序在没有某种命令结构的情况下也是无法存续的"[②]。哈耶克自由理论的自生自发秩序要素这一构件在其"社会秩序规则二元观"的建构中得以正式生成，并成为哈耶克阐述和建构其法律理论、社会理论的基本立论依循。

---

①Hayek, New Studies in Philosophy, Politics, Economics and the History of Ideas[M]. London：Routledge & Kegan Paul, 1978, p.77.

②[英]哈耶克.法律、立法与自由（第1卷）[M].邓正来等译.北京：中国大百科全书出版社，2000：28.

第五章　马克思自由观的要素分析

在浩瀚无垠的宇宙中，在纷繁芜杂的世界上，人能否成为自己命运的主宰、能否成为自然以及社会的主人，都有一条贯穿始终的红线，那就是——自由。自由及其所具有的魅力不仅令无数哲人前仆后继，也令芸芸众生满怀向往。何谓"自由"，如何争取、实现和维护自由，这是任何一个时代都不得不面对的问题，也是任何一个能够体现时代精神哲学的必答题。自由问题并非先哲们"无病呻吟"臆造的一款理论或思想"游戏"，而是人类实实在在的现实生活的迫切需要，"它永远同整个人类的存在有关，又永远同每个特定时代人们的命运与脉搏相连"①。作为20世纪最伟大思想家之一的哈耶克，立足其所处时代人们所面临的自由主题，沿着古典自由主义路线对自由做出了可贵探索，形成了独具特色的哈氏自由理论。对于自由这一古老议题，同样是19世纪马克思主义哲学的一个中心问题。尽管不似哈耶克有《自由秩序原理》或《自由宪章》这样明确的专门自由论作，但马克思几乎所有论著论述都或直接或间接与自由有关。如马克思的阶级、劳动、异化、实践以及共产主义等概念，马克思的自然观、社会历史观等重要理论，马克思的科学社会主义、政治经济学、哲学等思想体系无不闪烁着自由的光芒，激荡着自由的因子。但是，我们皆知，19世纪的马克思身处的时代背景毕竟不同于20世纪的哈耶克身处的时代，双方自由思想的现实关切也不一，这在很大程度上造成二者所形成的自由思想极为不同。马克思所处的时代，正值欧洲资本主义大发展阶段，商品经济日

①陈刚.马克思的自由观[M].郑州：河南人民出版社，1996：1.

渐发达，社会分工不断扩大，与此同时，资本主义社会基本矛盾亦不断显现。广大工人阶级在资本主义大生产条件下，受尽了资产阶级的剥削、尝尽了被资本奴役的苦头，私有制及劳动异化等现象日益加重了工人的不自由处境。资产阶级曾经用以推翻封建旧势力的有力武器——自由，变为了拥有私人财产的资产阶级的自由，毫无财产的无产阶级根本无自由可言。在剥削、奴役、强制与压迫已成既定事实的情况下，如何认识自由、进而实现自由，马克思做出了不同于哈耶克的科学探索。当然，对生活于19世纪的马克思而言，根本不知、也不可能知道在20世纪会出现哈耶克这样的一位人物。因此，站在马克思的角度，马克思自由观的生成同哈耶克的自由理论无任何瓜葛联系，只是因为双方各自在自由思想上所持有的深刻建树，使得后人形成了将两位哲学家撮合在一起的超时空研究。马克思的自由观视野广阔、内涵丰富，从要素构成角度讲极为多样。为便于研究，比照哈耶克自由理论的要素分析，我们姑且将马克思自由观的要素概括为积极性自由、现实自由、实践自由等三个方面。

一、积极性自由

众所周知，马克思自由观与哈耶克自由理论完全不同，甚至被认为是完全唱反调的两种自由观。在双方自由思想要素构成中，最能将马克思自由观泾渭分明地区别于哈耶克自由理论的要素构件，非"积极性自由"这一要素莫属，"积极性"成为马克思自由观的一个显著特征和标志属性。

（一）有别于"积极自由"

首先需强调的是，马克思自由观在众多自由理论范畴中是一种"积极的自由"，但并非说，马克思的自由观就属于西方学者眼中的"积极自由"，它与西方学者的"积极自由"和主张"自我决定"的自由观不可相提并论、等量齐观。出于这一考虑，本书将马克思具有"积极"色彩的自由观称为"积极性自由"，以示区分。积极性自由是马克思自由观自始至终的一个鲜明构成要素。从整个欧洲哲学史看，对自由概念的解析大致有两种较为流行的看法，"一是摆脱或超越外在的束缚或障碍，人因此无拘无束，自由自在"①，如英国经验派始祖弗朗西斯·培根（Francis Bacon）认为，"灵魂最自由的人，就是那种一举挣脱锁链的人"②；霍布斯（Thomas Hobbes）则进一步发展了这一学说，认为自由就是"没有阻碍的状况"③；亚当·斯密（Adam Smith）从人的利己本能出发，认为利己心是社会财富的根源，对出于本能的追求个人经济利益的一切活动都不应加以限制。这类自由主张确实道出了自由的一种关键诉求，即不受强制与束缚，一个被强制、被束缚的人肯定是不自由的。但这样的自由主张仅仅强调了自由的外在因素与条件，对出自作为自由主体的人自身的内在因素与条件的考虑欠缺，因此被称作消极自由。消极自由对自由仅仅是做了抽象的、空洞的简单否定，"没有任何新的或积极肯定的内容"④。此外，关于自由概念的解析，尚有另外一种较为流行的解释进路，那便是"把自由只理解为自我决定、自我实现、自己立法、自己遵守，不受任何外在强制的束缚"⑤。如洛克认为，"人的自由在于根据自己愿望进行或不进行一种活动的权利，在于根据心灵的选择从事行动"⑥；贝克莱将自由理解为脱离必然性的人的精神的绝对自由，是一种抽象的"自我感知"；费希特认为自由就是"不顾一切条件的绝对自我的自觉自愿的创造活动"⑦；叔本华与尼采均主张人有绝对的意志自由。之类自由主张从作为自由主体的人出发，强调自由的"由我"不"由他"，看到了人能动性一面，从此角度讲有其合理性，相比消极自由主张下的人在自由问题上的消极被动色彩，有着积

①陈刚.马克思的自由观[M].郑州：河南人民出版社，1996：131.

②[英]弗朗西斯·培根.培根论人生[M].何新译.上海：上海人民出版社，1983：21.

③[英]霍布斯.利维坦[M].黎思复，黎廷弼译.北京：商务印书馆，1985：162.

④陈刚.马克思的自由观[M].郑州：河南人民出版社，1996：131.

⑤陈刚.马克思的自由观[M].郑州：河南人民出版社，1996：132.

⑥陈刚.近代欧洲哲学史上的自由观——马克思对传统自由观的扬弃与超越[J].学海，1992（3）：18-22.

⑦陈刚.马克思的自由观[M].郑州：河南人民出版社，1996：132.

极主动的一面，因此可视作积极自由。但从种种主张中亦可窥见，此类自由过分强调甚至夸大了作为自由主体的人之能动性，纯粹自我决定的自由在现实中根本不存在，也不可能实现，是一种不切实际的空想。更值得关注的是，此类自由尽管承认了人作为自由主体的能动性，但这种自我仅仅是精神层面的、抽象的自我和空洞的决定。

我们可以说哈耶克的自由理论是带有消极色彩的"消极自由"，因为连其自己都声称自由就属于消极概念，但于马克思的自由观而言，绝不可轻易言说或判定其是消极自由或积极自由，这种贴标签式的划分不仅不科学，而且也不符合客观实际。对于马克思的自由概念，作为消极自由与积极自由概念的集大成者、当代自由主义一代宗师——以赛亚·伯林（Isaiah Berlin）在其《自由论》中对其进行了批判，认为马克思的自由概念就是一种典型的同集体意志勾连的积极自由。这一批判性论断极其鲜明地将马克思自由观与其所倡导的作为"个人选择权利"代表的消极自由区分并对立开来。实际上，这是对马克思自由观的误解，马克思本人所主张的自由并非纯粹的积极自由，而是一种在扬弃消极自由与积极自由之后的自由个性。的确，马克思的自由主张强调作为自由主体的个体在实现自由过程中具有积极争取自由的能动性，相较于被动的、满足于获得一个"免于强制的自由活动领域"的消极自由主张，此种自由是积极的，但并非因此就意味着马克思的自由主张就是积极自由，恰恰相反，积极自由正是马克思所极力批判与反对的。对于这一点，从马克思对青年黑格尔派的批评中可见一斑。在自由观上，青年黑格尔派兼具消极自由与积极自由的特点，代表人物鲍威尔、施蒂纳以及赫斯等人的自由主张虽各有不同，但有一共同点，那便是均"抽象片面地发展人的自我意识能动性，以此为基础解释人的自由"[①]。鲍威尔认为自由就是"无限的自我意识"；施蒂纳持类似观点，认为"独立性就是我的全部本质和存在，就是我自己。我自由于我所摆脱的

---

①陈刚.近代欧洲哲学史上的自由观——马克思对传统自由观的扬弃与超越[J].学海，1992（3）：18-22.

东西，我是在我的权力之中拥有的或掌握的东西的所有者"①；赫斯也认为，"我能够在社会生活中自我决定，进行以某种方式决定的活动，而不承认我的活动的外部障碍"②。可以看出，青年黑格尔派在自由观上，都突出了作为人的"自我"在自由中的主体地位，有其合理性。然而，这种作为人的"自我"是虚幻的、抽象的、无实际内容的，甚至只是黑格尔绝对精神的不同表述而已，而且，这种作为人的"自我"的自由是绝对无条件的、不受任何牵制的，是一种典型的积极自由。承认人在自由中的主体地位固然没错，但在青年黑格尔派的自由语境中，人的主体地位被过分夸大，而且"现实的个人"被"这个人"所代替，而对现实需要的满足则被空幻的理想、对自由本身、对"人的自由"的追求所代替。对此，马克思在《德意志意识形态》③（ *Die Deutsche Ideologie* ）中对包括鲍威尔、施蒂纳、赫斯等人在内的青年黑格尔派多次批评："一方面，他们把自由理解为抽象的摆脱，对物、异在及一切条件毫无内容的摆脱；另一方面也大谈抽象的空洞的自我意识、自我决定。"④不容否认，马克思自由观也强调人在自由中的主体地位，主张不受强制，不受奴役、剥削与压迫，有着所谓消极自由的一面；但与此同时，马克思对自由的探索之路并未止步于此，而是赋予了不受强制的自由以丰富的现实内容，亦即从谁被强制、被谁强制、强制是如何产生的以及如何摆脱强制进而实现自由等问题做了实实在在的研究。马克思看到，作为自由主体的个体是活生生的、"现实的个人"，不是虚无缥缈的观念、精神或意念中的抽象的个人，"人的本质不是单个人所固有的抽象物，在其现实性上，它是一切社会关系的总和"⑤。所以，现实地、能动地、具体地去争取、实现和维护自由的人才是真正的自由的主体。这一点从总体上体现了马克思自由观的"积极性"色彩，而

①[德]施蒂纳.唯一者及其所有物[M].金海民译.北京：商务印书馆，1989：168.

②《马哲史研究资料》第153页。

③[德]马克思，恩格斯.德意志意识形态（节选本）[M].北京：人民出版社，2019.

④陈刚.马克思的自由观[M].郑州：河南人民出版社，1996：132.

⑤马克思恩格斯选集（第1卷）[M].北京：人民出版社，2012：135.

且这一色彩贯穿其自由观始终。

（二）能动的"积极力量"

尽管马克思对消极自由与积极自由各执一端的自由论调持批评立场，但并未将之彻底否定，而是以劳动实践的概念为基础，将消极自由与积极自由这两种自由论调中的合理因素积极予以吸取并加以批判改造，形成了能够"看得见、摸得着"的科学的自由观。在批判继承方面，消极自由所主张的"免于强制"（摆脱压迫与束缚）同样是马克思自由观的基本意蕴，如其反对阶级压迫与奴役，实现人的政治解放进而达致全人类解放的毕生追求。但是，马克思不否认人作为有限存在物的外部障碍的客观实在性，人生于天地间，外受自然界必然性的制约，"当我们不知道自然规律的时候，自然规律是在我们的认识之外独立地存在着并起着作用，使我们成为'盲目的必然性'的奴隶"[①]；内受人与人之间社会关系的制约，"社会力量完全像自然力一样，在我们还没有认识和考虑到它们的时候，起着盲目的、强制的和破坏的作用"[②]。因此，不存在没有任何障碍的纯自由活动。从对待"强制"问题的态度上，马克思本着唯物主义立场对所做出的判解无疑是积极的，不似"消极自由"对"强制"的盲目空洞排斥。然而，在"强制"面前，如何"免于强制"实现自由，不是"坐而等之、等而得之"的命题，必须去争取和创造。针对亚当·斯密有关自由思想的消极阐释，马克思批评道："人不是由于有逃避某种事物的消极力量，而是由于有表现本身的真正个性的积极力量才得到自由。"[③]因此，最能充分展示人作为自由主体地位的事实来自于这种人能够能动地运用"表现本身的真正个性的积极力量"[④]去实现自由的能动过程。如果人失去"表现本身的

---

①列宁选集（第2卷）[M].北京：人民出版社，1995：153.
②马克思恩格斯选集（第3卷）[M].北京：人民出版社，1995：630.
③陈刚.马克思的自由观[M].郑州：河南人民出版社，1996：133.
④陈刚.马克思的自由观[M].郑州：河南人民出版社，1996：133.

真正个性的积极力量”，要么便只会一味盲目迎合或服从客体，要么便将免于强制的自由主张变成消极的逃避外在强制或客观条件限制，自由永远不会实现。因此，人应通过“表现本身的真正个性的积极力量”去打破外在条件和力量的束缚与限制，此方为自由的具体体现。然则，何谓这种积极力量？在《1844年经济学哲学手稿》中，马克思对积极力量予以了概括说明，即积极力量就是人之自由自觉的劳动或对象性活动[①]；而在马克思的另两部著作——《关于费尔巴哈的提纲》和《德意志意识形态》中，马克思将这种积极力量归结为现实的生产劳动。人在生产劳动中，“使自我提出的目的物化在结果中，同时也发展了自己的能力与创造性，在征服客体和外部世界的道路上不断前进，真正的自由就实现在其中了”[②]。马克思对自由问题的探讨既继承了消极自由下超越外在障碍的主张，也继承了积极自由下自我决定、自我创造的思想，但这种继承不是各取一半的机械继承，而是融入了现实的劳动实践因素的批判继承与发展，是科学的、积极的自由观，通过劳动实践理论，使得消极自由不再那么消极、积极自由不再那么积极，为自由从抽象到具体、从理想到现实开辟了通道、供给了工具、架起了桥梁。

二、现实自由

自由虽是人类永恒的一种价值追求，但作为自觉的理论考察和建构之事则始于近代人，确切地讲，从欧洲文艺复兴打破宗教枷锁、将上帝赶下“神坛”、人的主体性地位被确立起来之后，人才有自由可言的基础。当然，彼时之自由所指是被宗教“禁欲主义”禁锢多年的感性欲望自由，即生于世俗世界的人应该有自己的感性要求。然而，冲破异化宗教对人性的束缚、倡导人的感性自由何以成为可能？“仅仅从感性自由的角度来批判中世纪还是不够彻底，于是，我们发现历史惊人地并符合逻辑地发生了更

---

① 参见[德]马克思.1844年经济学哲学手稿[M].北京：人民出版社，2000.
② 参见陈刚.马克思的自由观[M].郑州：河南人民出版社，1996：134.

为声势浩大的'启蒙运动'"[①]。启蒙运动中的思想家直指基督教束缚人自由的实质，认为其只能给人描绘一幅天堂的美景，却无法改变人世间的残酷。唯有借助于理性，通过人类自身努力才能在人间打造出一幅真实的天堂图景。在此过程中，理性被确立为评判万物的至高尺度，即使人的自我价值与意义也都须经由理性审查，方可获得真实性与合法性。诚然，理性是人之所以自由的根据，人因为有理性才有自由的可能，但过分强调理性并以之为原则的哲学必然导致作为自由主体的人的形而上学，最终使现实的人的自由变成抽象的、虚幻的人的自由。马克思在自由问题的理论建构上，批判地继承了启蒙思想家的自由观点：一面肯定了自由是人的一种本质属性；另一面揭示了理性自由观的主体形而上学缺陷及其根源。在对启蒙运动形成的自由观点进行辩证认识的基础上，马克思清晰地意识到，真正的属人的自由应该是"有血有肉""知冷知暖"的现实的人之现实自由。

（一）现实的人

现实的人是马克思自由观首要的"现实"因素。自由的主体是什么？当然是人！这是任何探讨自由的哲学首先必须回答的问题。然而，人的自由究竟是什么样的人的自由？人既可以是一个抽象概念，也可以是一个个具体的实体，西方传统哲学将人的自由归结为抽象的人的自由，即使费尔巴哈人本学唯物论中的人也远离现实生活世界，这种脱离真实的人而谈论人的自由导致了"无人在场"的尴尬自由局面。马克思扬弃了西方传统哲学所坚持的理性自由观，将人的自由的视野落脚到了现实世界中的现实的人。马克思指出，"我们不是从人们所说的、思考出来的、想象出来的、设想出来的人出发，去理解真正的人。我们的出发点是从事实际活动的人"[②]。事实证明，马克思所有理论的出发点都可归结为"现实的人"；追

---

①张成山.历史与自由——现代性视野中马克思自由观的哲学反思[M].北京：清华大学出版社，2014：35.

②马克思恩格斯选集（第1卷）[M].北京：人民出版社，1972：31.

求并实现现实的每个人的现实的自由是马克思所有理论的理论主旨与最终依归。马克思眼中现实的人的现实的自由可分两个层面：一面是作为个体的现实自由；另一面是作为集体的一切人的自由。

很显然，在马克思自由观中的自由起点，就是作为个体的现实自由，这也成为马克思自由观的自由归宿。作为个体的现实自由中的"个体"，所指即"现实的个人"。人生于天地间，首先是自然的一部分，面对的第一"现实"就是维续一个有温度的、活生生的肉体组织存在。在对"现实的个人"做出解释的同时，马克思在《德意志意识形态》中解释"现实的个人"时指出，"全部人类历史的第一个前提无疑是有生命的个人的存在"[①]。在一个没有生命存在的个人存在环境中，自由便没有任何意义。所以，作为个体的现实自由的最基本的"现实"就是保全生命的自由，满足个体生命需求成为人最基本的自由所在。然而，人之外的其他动物或自然界其他生物皆有"保全生命"的需要，动物可以通过捕食猎物获取能量维持生命，植物亦可通过光合作用吸取养分维持生命，为何"保全生命"唯独成为人的最基本自由？如何认识和理解"现实的人"？这就需要回到人的本质问题。"人的本质"是人的"类本质"，这是"一种内在的、无声的、把许多个人自然地联系起来的普遍性"[②]。所谓人的类本质，即人之所以为人而区别于其他动物或自然界其他物种的特殊规定性。那么，人的"类本质"究竟为何物？马克思在《1844年经济学哲学手稿》中做出了人的"类本质"设定，认为"人的类特性恰恰就是自由的自觉的活动"[③]。至于这种"活动"究竟是什么样的"活动"，马克思强调，这种"活动"必须是现实的人的现实的实践活动，而非宗教中那些理想的"神"的活动，亦非西方传统哲学中那些思辨的天国中的人的活动，因而人的"类本质"的自由是现实实践活动中"现实的人"之自由，而绝非那些西方传统

①马克思恩格斯选集（第1卷）[M].北京：人民出版社，1995：67.
②马克思恩格斯选集（第1卷）[M].北京：人民出版社，1995：56.
③马克思恩格斯全集（第42卷）[M].北京：人民出版社，1979：96.

哲学、宗教神学中所谓的"理想的人"之自由。人之"类本质"自由，即"自由自觉的活动"，成为马克思自由观的逻辑开端。在马克思自由观的视野中，人之所以能够自由、可以追求并获取和实现自由，就是因为人有理性，是有"意识"的存在物，"人却懂得按照任何一个种的尺度来进行生产，并且懂得怎样处处都把内在的尺度运用到对象上去"①。人作为一种类存在物，不同于其他动物或自然界其他物种，人不仅能够适应自然界，而且还能认识自然界、利用自然界、改造自然界，人的自由自觉的活动就是一个不断扬弃自然界既定性、超越现存状态的过程。在这一过程中，人将"内在的尺度运用于对象"。"所以在人的活动中，人既不断地生成着现实的属人的世界，又不断地生成着人本身，这也是现实的人的自由的生成基础"②。马克思承认人具有一个抽象的"类本质"，并从人的"类本质"出发对现实的人的自由做出了关注，不免带有抽象自由的色彩。可见，马克思的自由观并未彻底否定抽象意义上的人的自由，但这并非意味着马克思的自由观同样陷入了西方传统哲学抽象的、空洞的自由幻象。抽象的人的类本质自由是马克思展开其历史自由观研究难以逾越的一个必经环节，或者说，人的类本质的抽象自由只是马克思开展自由理论研究的一个原始起点。如果缺失这一起点，则人将没有向自我本质的回归，对马克思而言，这个抽象的"类本质"自由必然要融于人类历史实践活动中，亦即"马克思所理解的人的历史性自由，是以对抽象的类本质的自由的承诺为前提的。只是，这个类本质自由必然要扬弃为劳动和劳动中形成的社会关系，而不是单纯停留在抽象的人性论的意义上讨论人的自由"③。

作为集体的一切人的自由是马克思作为实现个体的现实的人的自由的

---

①马克思恩格斯全集（第42卷）[M].北京：人民出版社，1979：97.

②杨建毅.自由的认识与实践——马克思主义自由观及其当代意义[M].兰州：甘肃人民出版社，2008：75.

③张成山.历史与自由——现代性视野中马克思自由观的哲学反思[M].北京：清华大学出版社，2014：165.

基本保障。马克思的理论尽管聚焦于实现作为个体的现实自由，但其理论视域谋求的是全人类的自由与幸福。马克思的理论固然博大精深，但马克思的理论胸怀更是广袤无垠，这一点在其年轻时就已初见端倪。1835年，年仅十七岁的马克思在其中学毕业论文——《青年在选择职业时的考虑》（ *Young People's considerations in choosing a career* ）一文中即饱含深情地写道，"如果我们选择了最能为人类福利而劳动的职业，那么，重担就不能把我们压倒，因为这是为大家而献身；那时我们所感到的就不是可怜的、有限的、自私的乐趣，我们的幸福将属于千百万人，我们的事业将默默地、但是永恒发挥作用地存在下去，而面对我们的骨灰，高尚的人们将洒下热泪"①。"为人类服务""我们的幸福""我们的事业""人世""热泪"等，这些都是活生生的、有温度的、"有血有肉"的现实的人的现实生活。马克思对现实的人的关怀是"博爱"的，不会拘泥于某群体、某阶级、某社会。在此，也许有人会不同意这一看法，因为马克思的理论学说是一种关于无产阶级的学说，也就是说它是服务于无产阶级的学说。但恩格斯在《共产党宣言》1888年英文版序言中对此做了回应，他讲道，"被剥削被压迫的阶级（无产阶级），如果不同时使整个社会一劳永逸地摆脱一切剥削、压迫以及阶级差别和阶级斗争，就不能使自己从进行剥削和统治的那个阶级（资产阶级）的奴役下解放出来"，"使整个社会一劳永逸地摆脱一切剥削、压迫"②是无产阶级摆脱剥削、解放自己的必经过程。无产阶级的历史使命"绝不仅仅是求得自身的解放，而是要把全世界人民从剥削阶级的压迫下，从几千年来剥削阶级加在人们身上的精神枷锁下彻底解放出来"③。可见，马克思绝非一个狭隘的阶级复仇者，"马克思追求的是全人类的解放，而不是某一部分人的解放，他不允许牺牲部分人的利益

---

① 马克思恩格斯全集（第40卷）[M].北京：人民出版社，1982：7.
② 马克思恩格斯选集（第1卷）[M].北京：人民出版社，2012：385.
③《人民日报》社论.无产阶级只有解放全人类才能最后解放自己——庆祝"五一"国际劳动节[N].人民日报，1967-5-1.

而保障另一部分人特权的社会制度的存在"①。对此，习近平总书记在纪念马克思诞辰200周年大会上对马克思本人也曾做出如下精辟评述："马克思的一生，是胸怀崇高理想，为人类解放不懈奋斗的一生；马克思的一生，是不畏艰难险阻，为追求真理而勇攀思想高峰的一生；马克思的一生，是为推翻旧世界、建立新世界而不息战斗的一生。"②

（二）现实的社会关系

如果说"现实的人"确立了马克思自由观中自由的主体，那么"现实的社会关系"则划定了马克思自由观中自由得以展开的场域。人除了作为具有肉体组织的自然存在物之外，还是一个具有错综复杂社会关系的社会存在物。人生于天地间，纵然有着其他动物或自然物所不具备的能动力量，但面对强大的自然界，面对纷繁复杂的生存事务，仅仅凭借个人力量几乎是不可能顺利走完一个人的一生的。为此，人们必须要以某种方式联结组合在一起形成一个社会。而且，这种结合是不以个人意志为转移的，无论个人是否愿意、是否知悉，从其出生来到世界的那一刻起就客观地存在着。正如马克思所言，"不管个人在主观上怎样超脱各种关系，他在社会意义上总是这些关系的产物"③。世界上没有一个人不是社会关系的产物，也没有一个人无时无刻不处在社会关系中。在社会关系中，人的本质力量得以体现，人的自由得以保障。尽管马克思对关于现实的人的自由的研究做出过"人的自由自觉活动"的抽象本质界定，但他并未止步于此，而是跳出抽象性从社会历史实践层面对现实的人的自由进行了探索，马克思在《关于费尔巴哈的提纲》中指出，"人的本质不是单个人所固有的抽象物，在其现实性上，它是一切社会关系的总和"④。在马克思看来，作为

①商继政.马克思自由观研究[D].博士学位论文，电子科技大学，2012：35.

②习近平.在纪念马克思诞辰200周年大会上的讲话[M].人民出版社，2018.

③马克思恩格斯全集（第23卷）[M].北京：人民出版社，1972：12.

④马克思恩格斯选集（第1卷）[M].北京：人民出版社，1995：56.

人的抽象的"类本质"，无论是黑格尔所规之为的"理性"，还是费尔巴哈所规之为的自然的人的"感性"，皆并不足以涵盖现实的人的本质，人的本质真正地表现为一种现实的社会关系，现实的人的自由真正地体现在社会关系中。"在人与社会的关系上，马克思主义自由观既肯定了人的社会性，又积极肯定了社会的属人性"①。也就是说，人在社会化过程中，在一定的社会关系条件下，一方面，现实的个人自由得以顺利展开，亦即现实的个人自由要合社会关系规律、受社会关系制约；另一面，现实的社会关系是现实的个人自由的外化或对象化。可见，现实的个人自由的实现程度与一个合乎人性的社会关系密切关联。因此，想要实现现实的个人的自由，"必须改变与人的生存发展不相适应的社会关系，追求和创造使人的自由和解放成为可能的、合乎人性的社会关系"②。

社会关系与社会历史形态休戚相关！某种程度上讲，有何种社会历史形态就会产生何种社会关系。按照不同的社会历史形态，马克思将人类社会关系高度提炼为"三阶段论"："人的依赖关系（起初完全是自然发生的），是最初的社会形态，在这种形态下，人的生产能力只是在狭窄的范围内和孤立的地点上发展着。以物的依赖性为基础的人的独立性，是第二大形态，在这种形态下，才形成普遍的社会物质变换，全面的关系，多方面的需求以及全面的能力的体系。建立在个人全面发展和他们共同的社会生产能力成为他们的社会财富这一基础上的自由个性，是第三个阶段。"③相应地，现实的人的自由也会大致经历"以人身依附关系为基础的自由""以物的依赖性为基础的自由"到"以财产公有为基础的'自由个性'"这样一个逐渐迈向自由的过程。在前两个阶段的社会历史形态中，"人非但没有真正建立一种自由的社会关系，还在社会关系中发生

①杨建毅.自由的认识与实践——马克思主义自由观及其当代意义[M].兰州：甘肃人民出版社，2008：76.

②贺来，张欢欢."人的本质是一切社会关系的总和"意味着什么[J].学习与探索，2014（9）：27-32.

③马克思恩格斯全集（第46卷上）[M].北京：人民出版社，1979：104.

了异化"①。第一阶段社会历史形态中，人与人之间是一种依赖关系，此种依赖关系"是以个人屈从于个人之上的抽象的共同体为特征的"②。在"共同体"中，人与人的社会关系被打上了深深的等级、身份与地位的烙印，形成了人身依附型的社会关系。一些人作为"共同体"的代表者，在社会生活中占据绝对支配地位，而另一些人（绝大多数人）则居于被支配地位，通过顺从和依赖"共同体"及其代表者实现着其所处社会阶段关系中的人的自由。人类社会步入第二阶段社会历史形态时期，正是资本主义社会蓬勃发展的时期，人与人之间的社会关系已突破等级、身份与地位界限，被一种貌似平等自由的社会关系取而代之，也就是通过对私有财产的占有形成了"以物的依赖为基础的独立性"。诚然，于自由而言，资本主义社会的社会关系在人的独立性上的确向前迈进了一大步，马克思承认这种进步性，但他也认为，这种社会关系非但没有使人真正摆脱依赖，而且人与人之间的依赖程度变得更加严密和不可或缺，"毫不相干的个人之间的互相的和全面的依赖，构成他们的社会联系"③。之所以如此，乃是因为在此种依赖关系中，"活动和产品的普遍交换已成为每一单个人的生存条件"④，一旦这种依赖不存在，那么保全个体自然生命的自由便不复存在。在以上"两个阶段"的社会关系中，"前者以个人之上的抽象的共同体扭曲了人与人的社会关系，后者则以物的关系扭曲了人与人的社会关系"⑤。因此，若想谋求人的真正自由和解放，必须克服人与人之间的异化与对立关系，建构一个与人的自由个性相适应的新型社会关系，马克思称之为"自由人联合体"。在"自由人联合体"中，人与人之间的关系不再

①张成山.历史与自由——现代性视野中马克思自由观的哲学反思[M].北京：清华大学出版社，2014：133.

②贺来，张欢欢."人的本质是一切社会关系的总和"意味着什么[J].学习与探索，2014（9）：27-32.

③马克思恩格斯全集（第46卷上）[M].北京：人民出版社，1979：103.

④马克思恩格斯全集（第46卷上）[M].北京：人民出版社，1979：103.

⑤贺来，张欢欢."人的本质是一切社会关系的总和"意味着什么[J].学习与探索，2014（9）：27-32.

是被异化扭曲之后而不得不为之的对立化依赖，而是"你中有我，我中有你"的自觉自愿结合体，每个人不再把他人视作自身自由的束缚与"绊脚石"，而恰恰是自身自由的条件与构成；个体自由与"共同体"自由的矛盾在"联合体"中也得到超越与克服。那么，具体而言，这样的一个"自由人联合体"究竟是何样貌？马克思在《共产党宣言》① （*The Communist Manifesto*）中将之描绘为"代替那存在着阶级和阶级对立的资产阶级旧社会的，将是这样一个联合体，在那里，每个人的自由发展是一切人的自由发展的条件"②。在这样的一个社会里，人的本质将得以复归，自由个性将得以生成、发展并被不断实现。

三、实践自由

关于自由，从来就不是人们主观臆想出来的一幅不食人间烟火的虚幻画境，而是一个与活生生的现实的人的现实生活密切观照的实践现场。无论有多少种关于自由的理论著说，无论有多么完备的关于自由的理论成果，最终都要回归到一个命题：如何将自由落到实处、落到现实的人的现实生活中。马克思自由观不仅关注自由的抽象理论面，更关注自由的具体实践面。马克思不仅凭借激情和理想抽象讨论自由的实现，而且在正确揭示人类社会历史发展一般规律基础上指出了通往自由王国的现实进路。实际上，自由的实践议题，即如何实现自由正是马克思探索人类自由所关注的基本议题。因此，马克思在《关于费尔巴哈的提纲》中一针见血地指出，"哲学家们只是用不同的方式解释世界，而问题在于改变世界"③。马克思主义哲学谋求的就是不仅要认识世界，更重要的是要改造世界。马克思将改造世界的实践自由贯穿于其自由观始终，实践自由构成马克思自由观的灵魂性要素。

---

①[德]马克思，恩格斯.共产党宣言[M].北京：人民出版社，2015.
②马克思恩格斯选集（第1卷）[M].北京：人民出版社，1972：273.
③马克思恩格斯选集（第1卷）[M].北京：人民出版社，1995：57.

（一）劳动自由

劳动是自由的实践形态，也是自由之所以可能的保证。作为马克思自由观构成要素之一的实践自由，其基础构成就是劳动自由。在马克思眼中，现实的人之自由同劳动一刻都不可分割，人作为一种类本质存在物，生成于劳动中，发展于劳动中，实现于劳动中，自由是劳动中的自由，劳动是自由自觉实践中的劳动。马克思转向社会历史领域寻究人类自由问题之时的首要抓手就是劳动，他通过分析和批判异化劳动，开辟了经由劳动进路认识、理解和实现自由的新通道。马克思看到，在资本主义私人占有制的生产关系下，生产劳动中的人是不自由的，故而必须对人的自由问题做出探索。首先要解决人在劳动中的不自由问题，即实现劳动自由。如何看待劳动自由？黑格尔指出，于人而言，生存需要以及自然欲望等感性需要的满足是现实自由的首先考虑，马克思并未否认这点，而且深切认同这种感性需要，作为现实的人的现实自由最基本的就是保存个体生命的自由。劳动作为满足保存个体生命的手段，成为个体获取自由的基本方式，从此角度讲，只要劳动能满足自己的生存需求，人就是自由的。然而，人的感性需要绝非仅仅是生存需要的满足，人活着不仅仅是为了单纯的"活着"，动物也有"活着"的生存需求。人之为人还有其他感觉器官的其他需求，如舌头要品尝美味、眼睛要欣赏美景、鼻子要闻花香、耳朵要欣赏音乐等等，人的感性需要是多种多样、多姿多彩的。"主体的、人的感性的丰富性，如有音乐感的耳朵、能感受形式美的眼睛，总之，那些能成为人的享受的感觉，即确证自己是人的本质力量的感觉，才一部分发展起来，一部分产生出来"[①]。人之为人的本质力量的确证恰恰就是这些能给人带来"享受的感觉"的感性需求，也是人应该通过自己劳动获得满足的真正自由，也只有这样的劳动，才是满足人所有感性需要的自由活动。但是，在资本主义私有制下，"人仅仅剩下了使自己的自然的

---

①[德]马克思.1844年经济学哲学手稿[M].北京：人民出版社，2000：87.

身体得以'生存'的手段"①，劳动完全变成了人谋生的工具，资本主义生产关系中的工人"在自己的劳动中不是肯定自己，而是否定自己，不是感到幸福，而是感到不幸，不是自由地发挥自己的体力和智力，而是使自己的肉体受折磨、精神遭摧残……因此，他的劳动不是自愿的劳动，而是被迫的强制劳动。因此，这种劳动不是满足一种需要，而是满足劳动以外的那些需要的一种手段"②。马克思所指的"这种劳动"是在外在目的支配下进行的为谋求生存而不得不为之的活动，如此状况下的劳动，不但连满足自身生存的自由需求都是奢望，更不用说满足体现人之本质力量的"享受的感觉"的自由需求。马克思指出，在资本主义生产关系中，工人们辛辛苦苦为满足生存需求而进行的生产劳动，带来的结果却是劳动者与劳动产品相分离，工人并未通过劳动获得满足自身的生活所需，相反，工人生产的产品愈多，其自身获得的就愈少；创造出的财富愈多，其自身就愈贫穷。劳动者与自己的劳动产品是异己关系，亦即劳动发生异化，劳动背离了劳动所应具有的本质。因此，马克思指出，"自由王国只是在必要性和外在目的规定要做的劳动终止的地方才开始；因而按照事物的本性来说，它存在于真正物质生产领域的彼岸"③。摆脱"必要性和外在目的规定要做的劳动"、摆脱"谋生手段"的劳动状态、实现劳动自由成为实现个体自由的初始环节，为此，必须要消解异化劳动。如何消解？马克思看到，工人所遭遇的劳动异化是资本主义私有财产制度的产物，若欲消解异化劳动、实现个体的现实自由，必须打破对资本主义私有制下社会关系的遵循，从批判私有财产入手。

（二）扬弃私有财产

劳动自由解锁了马克思自由观的实践之门，人在劳动中实践和获取自

---

① 张成山.历史与自由——现代性视野中马克思自由观的哲学反思[M].北京：清华大学出版社，2014：121.

② [德]马克思.1844年经济学哲学手稿[M].北京：人民出版社，2000：52.

③ 马克思恩格斯文集（第7卷）[M].北京：人民出版社，2009：928.

由。然而，资本主义私有制下异化劳动的事实告诉我们，单纯从生产力角度理解劳动对于实现人的自由的重要意义是天真烂漫的。人类"第一个历史活动就是生产满足这些需要的资料，即生产物质生活本身"①。应该可以讲，人类历史的第一个自由就是生产力，人类的第一个历史活动就是劳动。人类在这一历史活动中摆脱了自然必然性束缚，满足了生存需求，实现了人对物的自由。但是，正如古希腊哲学家柏拉图在《理想国》中所指出的，人在天赋上存在诸如能力、智商、知识等方面的差异，从主观角度讲，这些差异决定了每个人均应从事与其天赋相适应的工作。从客观实践看，受时空条件制约，每个人在有限的时空内所能从事的劳动内容也是有限的。因此，在劳动实践中，作为个体的人不可能独自完成满足生存需要中的所有劳动，不同的劳动内容需要由不同的人来完成，社会分工由此形成。在社会分工已成既定事实、无法克服的前提下，如何实现劳动过程中人对他人的自由，即生产关系中的自由，成为理解劳动对实现人的自由的另一维度。

社会分工必然引发对劳动中人与人之间平等问题的思考，不同的工种由不同的人来完成，这种分工差别会否造成不平等继而成为人类自由的障碍？答案是否定的！"分工不仅使人类的劳动成为可能，而且也使劳动自由成为可能"②，因为劳动必须要在社会分工中完成，社会分工已成为劳动无法避免的状态，失去社会分工的劳动，如同在一条断裂铁轨上运行的火车。在社会分工中，分工链条上的个体的价值得以体现，类本质力量得以展现。因此，社会分工非但不阻碍人类实现自由，而且还助益于人类实现自由。那么，在存在普遍社会分工的劳动中，人的不自由是如何产生的？根源在于资本主义私有制下的私有财产制度。在私有财产关系中，人将利益作为自己与他人的关系原则，人对他人的自由继而体现为对财产的占有

---

① 马克思恩格斯全集（第3卷）[M].北京：人民出版社，1960：31.
② 张成山.历史与自由——现代性视野中马克思自由观的哲学反思[M].北京：清华大学出版社，2014：134.

关系，此时的社会分工必然导致一部分人占有另一部分人的利益，更明确地讲，资本家借助已经拥有的私有财产利用分工占有了缺失或没有私人财产的工人的劳动和利益。因此，"分工本身不是人类不自由的原因，而只是一个存在着可能导致人类不自由的前提条件"[①]。社会分工非但不是劳动不自由的"罪魁祸首"，而且恰恰是在社会分工中，个体的劳动自由方得以实现。导致劳动不自由的真正原因是，资本家借助私有财产，在社会分工的"外衣"掩护下攫取了本该属于工人的利益。马克思由此看到，劳动异化的总根源是社会分工基础上的私有财产。若想消除劳动异化、实现人类自由，应从废除私有财产开始。于是，实现人类自由的现实实践便历史性地落到私有财产的保障或废除议题上。如何解决平等地占有财产实现人与人关系的自由？马克思的主张就是通过克服私有财产消灭阶级，最终实现全人类解放。没有了私有财产，就没有了一部分人占有另一部分人利益的不平等的劳动异化，也就没有了阶级划分，人人在社会分工链条中"人尽其才、才尽其用"，人人可以通过自己的智慧和劳动不仅实现着存续需求的自由，而且也实现着包括审美需求在内的、真正体现人的本质的所有感性需要的自由，这样的一个自由社会状态即是马克思给出的共产主义，马克思眼中的自由在走向共产主义扬弃私有财产的实践中最终得以实现。

（三）走向共产主义

人类每一个社会历史形态的向前演化，都是人类复归自由的更进一步推进。马克思在《1857年经济学手稿》中按照黑格尔逻辑学原理，将人类的自由进程高度概括为"三个形态"。其中，"人的依赖关系"下的人的自由，主要体现为人对人的依赖。这种依赖不受"物"的支配，是超越"物"的限制的、凭借自然的宗法、等级和血缘等伦理秩序所维系的"人"的自由。当然，马克思所概括的这一起初社会历史形态的自由

[①]张成山.历史与自由——现代性视野中马克思自由观的哲学反思[M].北京：清华大学出版社，2014：134.

是具有"原始的统一性"的自由，也就是说，"人的依赖关系"独立于"物"、无关乎"物"，人与人的关系不受"物"的摆布，由此层面讲，彼时的人是自由的。然而，彼时的"人的依赖关系"尽管不受制于具体的有形"物"，但却仍然要受制于抽象的无形伦理秩序，因而，这种"原始的统一性"的自由仅仅是尚未被充分实现的自由。于是，马克思将自由形态转入"以物的依赖为基础的人的独立性"的第二阶段。这一阶段的人首次在"物"的媒介下获得了独立性，人与人之间在各自所拥有的私有财产的帮助下打破了起初社会历史形态中的人身依附关系，在人与人的关系上实现了"人"的自由，人不再依赖人，不再依赖抽象的伦理秩序，但却越来越依赖"物"，以致人与人之间的关系最终被"物"的关系所替代，人成了"物"的附属品，马克思称之为人的"物化"。可见，两种社会形态中的自由都在"人"与"物"的不同介质依赖下实现了不完全的自由，"一方面，在人与人的依赖关系的社会形态下，人相对于物是自由而独立的，但人相对于人则是相互依赖的伦理关系；另一方面，在人以物的依赖为基础的独立性的社会形态下，人相对于物是依赖的，因而是不自由的，但人相对于人的关系则具有相互独立性，因而是自由的"[①]。因此，马克思把第二阶段"以物的依赖为基础的人的独立性"自由视作实现人类自由的一个否定性环节，认为必须将其超越、扬弃这一性质的自由社会形态。否则，人将被"物"统治从而丧失"人"的自由。

在否定"第二阶段"的不完全自由社会形态后，马克思将其自由视野转向第三阶段的共产主义社会形态的自由——"建立在个人全面发展和他们共同的、社会的生产能力成为从属于他们的社会财富这一基础上的自由个性"[②]。如果从辩证法的角度来衡量，马克思"第三阶段"的自由社会

---

① 张成山.历史与自由——现代性视野中马克思自由观的哲学反思[M].北京：清华大学出版社，2014：159.

② 张成山.历史与自由——现代性视野中马克思自由观的哲学反思[M].北京：清华大学出版社，2014：160.

是关于人的自由的否定之否定的肯定环节。在共产主义社会形态中"物"的元素被扬弃，人与人的关系既非没有受"物"支配的"原始的统一性"的"人化"自由，也非完全"依赖于物"的"物化"自由。在共产主义社会，"物"不再以私有财产的形式存在，而是以公有的方式被普遍占有，如此，人与人之间的自由关系不再是以"物"为媒介的独立性，而是超越了受"物"奴役和统治的人与人之间相互依赖的自由个性。由此，人类自由在"如何实现"的探索中，马克思给出了科学的道路，那就是消灭私有制、消除异化劳动对人个性的压抑，每个人都走上自由而全面的发展道路。实际上，马克思建构的共产主义社会就是让人从"物"的奴役中获得解放，是一个更高级的、以每个人的全面而自由的发展为基本原则的社会形式。马克思终其一生"就是要让人从物质利益的支配下解放出来，让人从他自己的安排和行为所造成的束缚自身的牢笼中解放出来"①，在共产主义社会形态中，所有的个人都从分工的奴役中解放出来，他们在分工方面的自由活动使得不同的特殊工种不再侵占他们整个人，而仅仅是作为他们的一种"互相交替的活动方式"，于劳动者和劳动产品而言，他们也将不再分离，每个人根据他的需要获得产品并根据他的能力完成一部分必要的生产劳动。人摆脱"物"的奴役和统治之后，人的个性得到充分发展，"个人的肉体和心理达到完善；人具有了丰富而全面的感觉；人的精神道德观念和自我意识得以全面拥有；人的个性能够自由发挥"②，人的生存需求和全部感性欲望得以满足，这些都得益于自由个性的充分发展，也唯有人的自由个性得以充分发展，人方能真正获得全面而自由的发展，现实的人的现实自由方能真正现实地实现。

---

①[美]弗洛姆.马克思关于人的研究[A].复旦大学哲学系现代西方哲学研究室编译.西方学者论《1844年经济学哲学手稿》[M].上海：复旦大学出版社，1983：39.

②杨建毅.自由的认识与实践——马克思主义自由观及其当代意义[M].兰州：甘肃人民出版社，2008：79.

第六章　马克思自由观的历史演进

　　广义上讲，历史即事物的发展过程，人类社会发展史就是一部不断追求自由的历史。在众多追求自由者当中，马克思可以说是极为出色的一位，其将毕生精力致力于解放全人类的伟大事业，马克思所做出的不懈努力是"人类追求自由进程中的一个环节，一个精彩绝伦、充满魅力而又极具科学性和现实性的环节"①。作为"一个环节"，自然承载着先前"环节"的自由思想成果，马克思的自由观事实上就是在充分汲取前人思想基础上，结合所处时代环境对自由所做的既有超越又有继承和发展的不竭探索。受时代环境、理论视野及个人志趣等因素所制约，在理论研究的不同阶段和革命生涯的不同时期，马克思自由观的形成经历了一个从思想萌芽、发展到最后走向成熟的具体的历史过程。毋庸置疑，马克思的自由思想博大而精深，欲准确把握精髓绝非易事，但"许多复杂的理论问题从历史的角度看就比较易于理解"②。为对马克思自由观的发展脉络形成一个比较清晰的了解，本章将根据马克思不同时期的著作，对马克思自由观的生成与发展进行一个动态的历史考察。当然，在历史考察中不可能离开逻辑线索，历史与逻辑本就是相统一的，"历史的东西有内在的结构，逻辑的东西是在历史中形成的，离开了历史也就没有逻辑，反过来说也一样，不存在没有逻辑的历史"③。马克思自由观的形成总体上经历了作为精神本性的自由、作为人的类本质的自由以及作为人的彻底解放的自由三个大的历

---

①[英]伯尔基.马克思主义的起源[M].伍庆，王文扬译.上海：华东师范大学出版社，2007.
②陈刚.马克思的自由观[M].郑州：河南人民出版社，1996：53.
③陈刚.马克思的自由观[M].郑州：河南人民出版社，1996：56.

史演进阶段。

一、作为精神本性的自由：自由意识

马克思自由观有着整个欧洲哲学史的广阔背景，流派林立、观点纷呈的哲学史及其中所涉及的自由思想为马克思自由观的形成与发展提供了丰富的理论素材、研究始点与扬弃对象。"一个不可否认的事实是：马克思对现实问题的关注是以自由为起点的，而对自由问题的关注，则是从自由精神开始的"①。马克思的自由观最初就是从作为精神本性的自由——自我意识开始的。之所以如此，是因为，一方面，这同马克思本人生活成长的历史环境息息相关。马克思生活的年代同样也有所谓的"自由"，但其所处年代的"自由"仅仅只是形式上的"假自由"。而在诸多造成"不自由"的障碍因素中，"精神上的压抑与限制比行动上的压抑与限制更令人痛苦"②。残酷的现实激发起了马克思对精神自由的强烈渴盼，他深刻感触到，精神自由大于任何自由！因为精神自由的不存在会导致真正的革命的不可能，马克思认为人的自由与生俱来，是全部精神存在的类的本质，"没有一种动物，尤其是有思想的人，是戴着镣铐出世的"③。另一面，这同欧洲哲学史本身所蕴含的自由精神息息相关。虽不能断言马克思自由观来源于被奉为资本主义圭臬的自由主义，但一个不争的事实是欧洲自由主义传统为马克思自由观的形成与发展提供了不可或缺的基础。

（一）自由的思想移居：古希腊城邦民主制的消失

古希腊的自由，最初是作为人们的一种存在状态而言的。古希腊在西方文明史中的地位是不可动摇的，其一开始就激荡着的自由精神成为西方

---

①张三元.论马克思关于自由的三种形态——马克思自由观研究之一[J].学术界（月刊），2012（1）：56-68.

②张三元.论马克思关于自由的三种形态——马克思自由观研究之一[J].学术界（月刊），2012（1）：56-68.

③马克思恩格斯全集（第1卷）[M].北京：人民出版社，1995：171.

精神的家园和自由意识的集散地。自由精神是古希腊文明的精髓，同样对马克思自由观的生成产生了源头性影响。古希腊的自由内涵在风风雨雨中也经历了剧烈的"思想移居"，古希腊人最初的自由就是一种现实的、此在之人的自由的生活状态，是在城邦制庇护下的一种安全自在的生活状态，这种作为人之存在方式的自由状态深入骨髓、融入希腊人的精神与灵魂。然而，好景不长，随着古希腊时代的终结，古罗马帝国熊熊崛起，西方世界随之进入剧烈文明转型与社会动荡期，希腊人的自由生活状态从此不再。罗马政权借助希腊文明对外开拓疆域，对内专制统治。希腊人为了自由奋起反抗，表现出可歌可泣的自由精神，如在反抗古波斯帝国入侵希腊的希波战争中，面对强势的敌人，希腊人不无自豪地说："自由的滋味你却一次也没有尝过，所以你就不知道它是否甘美。因为只要你尝过它的滋味，你就会劝我们不仅用矛头而且要用斧子去为它战斗了"[1]。在罗马专制统治的蔓延下，曾经的希腊城邦民主制默默消失在滋养其多年的生活领地，曾经令无数古希腊人引以为荣的自由文明也逐渐淡出了古希腊人的日常生活。那些"丧失了现实自由的希腊人只能在追忆中捕捉往昔的作为城邦公民的价值与荣耀，在心灵自由的向往中寻求精神的慰藉"[2]。从那时起，曾经作为古希腊人实然"存在状态"的自由被迫移居至了人之精神领域层面。

（二）自由意识的觉醒：原子偏斜

曾作为希腊人之存在方式的自由在罗马政权专制统治的现实摧残下，不得不改变居所，由外在的生活状态进入内在的心灵世界，进而发展成作为个人行动初始动机的自由意志。自由在离开作为生存状态的本真内涵"无以安家"之后，首先进入到哲学家的心灵，一时间产生了大量哲学家和哲学流派，其中，德谟克利特和斯多葛派最为典型。德谟克利特是古希

---

① 马克思恩格斯全集（第1卷）[M].北京：人民出版社，1956：95-96.
② 侯小丰.自由的思想移居——自由的概念史与社会史[D].博士学位论文，吉林大学，2013：1.

腊唯物主义决定论的早期杰出代表，对自然规律和必然性十分尊重。他认为，原子与虚空构成一切事物的始基，人世间天地万物的一切生灭变化都有属于其自己的原因、都将按照必然性发生。人当然也是由原子构成，虽具备个体的独立性，但单个的个体是软弱无力的，因此，必须要依托于国家。德谟克利特进而指出，个人自由必须从属和服从于国家和社会需要，个人自由只是一种内在的"由灵魂平静、和谐和无畏而来的内心满足或愉快的理念"①而已。早期斯多葛学派对德谟克利特的必然性思想一以贯之，借助自然法宣扬人应顺从天命的宿命论，强调恬淡寡欲，唯有如此方能得到幸福。只要遵从内心理性就能不为外界纷争所扰，这样便是自由的。德谟克利特和斯多葛派的心灵哲学固然看到了自然必然性并为希腊自由精神的延续找到了新的栖居地，但这样的精神自由在强大的专制统治面前无异于鲁迅笔下阿Q式的"自我安慰"，实际上没有给人活动留下多少自由空间，因为如果一切都为必然性所注定，那么人之自由和能动性也将毫无意义。

真正将自由移居于人意识之中的是作为德谟克利特"原子论"的杰出继承者——伊壁鸠鲁，他也认为宇宙万物由原子相互作用而成，与此同时，形成世界运动的内在规律。伊壁鸠鲁看到了必然性，同时也修正和超越了德谟克利特关于"原子论"的必然性论断。伊壁鸠鲁认为，即便是处于必然性中的原子，它也有偏离轨道的可能性，因为在必然性中也必然存在着偶然性。这一有别于德谟克利特"原子论"的"原子偏斜说"打破了命运的束缚，奠定了不同自由观的理论基础，为个人自由的彰显找到了理论根据。由此出发，伊壁鸠鲁提出，人人都是自由的，必然性并非不可抗拒的命运，偶然性亦非不可捉摸的谜团，人应发挥能动性摆脱命运束缚，勇于追求享受世间欢乐。当然，这种欢乐并非自然欲望的满足，"而是灵魂的无纷扰和身体的无痛苦"②。伊壁鸠鲁用思维的偶然性取代了存在的偶

①陈刚.马克思的自由观[M].郑州：河南人民出版社，1996：6.
②陈刚.马克思的自由观[M].郑州：河南人民出版社，1996：13.

然性，使意识从必然性的物理世界中挣脱出来从而获得自由。至此，伊壁鸠鲁找到了一条能够借以消解"不自由"的悲惨生存状况的有效出路，这便是"心灵自由"。作为深受青年黑格尔派影响的马克思也受到了伊壁鸠鲁"原子偏斜说"的巨大启发，早在1842年的博士论文——《德谟克利特的自然哲学和伊壁鸠鲁的自然哲学的差别》的研究中即已萌生了其自由思想。在文中，马克思对伊壁鸠鲁突出强调自我意识角度的自由这一做法给予了高度评价，认为其在天文学中引入原子偏斜运动，从而形式与物质、个别与存在的矛盾得以和解，"个别的自我意识便脱颖而出"①，这是人类自我意识的首次觉醒。马克思沿着伊壁鸠鲁的"原子偏斜说"将偏离直线运动的原子视作自由独立的实体，提出"原子不外是抽象的、个别的自我意识的自然形式"②，在此基础上，将对原子偏离直线运动的探索成果引申到了人的"自由意识"，马克思在其博士论文中开启了对人的自由意识及其解放问题的研究。

（三）精神与现实的碰撞：定在中的自由

在哲学研究道路中，青年时期的马克思十分推崇黑格尔，马克思以"作为精神本性的自由"——自我意识为基点开启其自由思想研究，这在很大程度上有着黑格尔自由观念的影子。黑格尔认为，"自由"乃是作为"精神"的一切属性的源头和由来，"精神"的本性就是自由，而自由就是"依靠自身的存在"，亦即"自我意识"。初涉哲学的马克思在对黑格尔哲学的研究中逐渐形成自己的自由见解，并将其自由基点锁定为自我意识，在博士论文中就把自我意识视作决定一切的力量。与此同时，马克思也敏锐觉察到，黑格尔的自我意识与外在世界是割裂的，其所称之为的"自我意识"是现实的人的抽象或抽象思维，而非现实的人本身。在对自由的认识上，马克思从一开始就没有离开过"现实的人"，即使对青年

①马克思恩格斯全集（第40卷）[M].北京：人民出版社，1982：240.
②马克思恩格斯全集（第1卷）[M].北京：人民出版社，1995：54.

黑格尔派主张的理性主义、费希特式的自由意志，马克思同样毫不留情指出，其仅仅是在抽象地谈论和无限地夸大自我意识，仍然是局限于精神领域。马克思为确立其自由观念展开对古希腊哲学的研究，通过研究发现，伊壁鸠鲁关于借助心理治疗找回自我的主张同当时的马克思自己对自由的强烈热望正好相吻合，于是有了马克思关于哲学与现实关系的论断——"世界的哲学化同时也就是哲学的世界化"①。然而，尽管马克思大加肯定伊壁鸠鲁原子偏离直线的自由精神，但也指出其消极而空洞的一面，认为伊壁鸠鲁过分强调偶然性而忽视必然性，所以马克思认为伊壁鸠鲁眼中的"自由"仅仅是一种以个别性存在的纯粹抽象，是一种"脱离定在的自由，而不是在定在中的自由。它不能在定在之光中发亮"②。在这一论述中马克思所提到的"定在"即"现实"。当然，彼时马克思心中的"现实"远未上升到社会生活层面，仅仅是理念层面的"现实"。但无论怎样，马克思已超越了伊壁鸠鲁、黑格尔以及青年黑格尔派，从单纯的、抽象的、精神层面的自我意识自由转向了带有现实主义色彩的"自我意识的自由"："一个本身自由的理论精神变成实践的力量，并且作为一种意志走出阿门塞斯的阴影王国，转而面向那存在于理论精神之外的世俗的现实"③，所以，真正的自由应富于改造外界的能动力量，应与必然、与尘世现实发生联系。

自我意识的自由如何能动地在与必然相联系的定在中真正实现？马克思起初同伊壁鸠鲁一样，将目光聚焦于对神秘主义和宗教神学的批判，认为冥冥之中的超自然力量主宰了人类精神，宗教以此控制人、阻碍人自由意志的实现，成为自由的敌人。之后，马克思在担任《莱茵报》主编时期，其心目中的自由仍然没有脱离黑格尔唯心主义思辨哲学倾向，仍然是作为精神本性的自由，称自由是理性的要求，是"理性的普遍阳光所赐的

①马克思恩格斯全集（第40卷）[M].北京：人民出版社，1982：258.

②马克思恩格斯全集（第40卷）[M].北京：人民出版社，1982：228.

③马克思恩格斯全集（第40卷）[M].北京：人民出版社，1982：258.

自然礼物"①。尽管如此，但马克思仍然反对脱离现实的抽象自由，《莱茵报》的主编工作使得马克思真正接触到现实生活，将自由视野转向思想自由，探讨如何在现实的政治经济关系中实现自由。马克思自由视野转向后的初次实践，便是其倡导思想自由（特别是出版自由）而展开的对普鲁士专制政权书报检查令的系列反对活动。书报检查令要求，出版物必须符合官方指定精神或有统一官方色彩。对此，马克思指出，"精神是世界上最丰富的东西，思想自由是精神的无限丰富性决定的，扼杀思想自由就是扼杀精神的无穷无尽的色彩。书报检查制度就是只准世界上最丰富的精神有一种色彩：官方的色彩"②。1842年初，马克思凭借《评普鲁士最近的书报检查令》一文，言辞尖锐、笔锋犀利地批评了普鲁士官方限制出版自由的荒谬之处，"你们赞美大自然悦人心目的千变万化和无穷无尽的丰富宝藏，你们并不要求玫瑰花和紫罗兰散发出同样的芳香，但你们为什么却要求世界上最丰富的东西——精神只能有一种存在形式呢？"③在彼时的马克思看来，能将精神自由充分展现的现实力量唯有出版自由，因为人民精神的"智慧之眼"对当时的时代而言只能是自由的出版物，而且也只有自由的出版物才能将人民精神的一切要素容纳其中。

然而，做出书报检查令限制出版自由背后的真正根源何在？马克思进一步挖掘发现，是官僚主义和等级私人利益。一方面，官僚内部对官僚能力的无限信任、对官僚权威的绝对服从、对官僚关系的极力维护，对于出现的问题归罪于管理对象，这一切导致官僚不能认识而必然要压制自由与理性；另一方面，统治政权中的每个等级均有其等级精神与利益，这必然会驱使他们反对自由。由此，马克思将实现出版自由的希望寄托在了黑格尔所称之为的"国家和法"的身上。马克思在这种希望中，期盼并呼吁作为"绝对精神"体现的国家能够摆脱宗教束缚而成为"理性国家"，从而

①马克思恩格斯全集（第1卷）[M].北京：人民出版社，1956：58.
②赵常林.马克思自由观的演变[J].北京大学学报（哲学社会科学版），1984（4）：20-27.
③马克思恩格斯全集（第1卷）[M].北京：人民出版社，1956：7.

维护、保障和实现思想自由与出版自由。然而，《莱茵报》的被查封彻底惊醒了"梦中人"，马克思至此看清了黑格尔"国家说"的真面目，在他曾以为能确保实现思想和出版自由的国家和法中，立法者竟然"往往打着为公共利益服务的旗号，暗地里谋取私人利益，维护统治阶级的利益"①。于是，马克思自由思想再一次发生重大转变，他认识到，仅仅借助政治批判、宗教批判以及新闻出版自由去改造不合理的国家与社会是不可能成功的，必须要诉诸对现实的改造。

于彼时的马克思而言，"诉诸对现实的改造"是对其原先所信奉观点的巨大挑战，在不安与苦恼中移居莱茵小镇——克罗茨纳赫，经过短暂五个月的"克罗茨纳赫时期"，最终《黑格尔法哲学批判》以及《德法年鉴》系列宗教批判论文问世。随着这两部著作的问世，马克思"对现实的改造"对象转向了"政治国家"。马克思在《黑格尔法哲学批判》中集中批判了黑格尔颠倒国家与市民社会的泛神论神秘主义，以及从必然与自由的普遍联系引申出国家是自由最高定在本质的唯心主义自由观，认为黑格尔将主观自由视作形式自由，使自在与自为、实体与主体相分离，割裂了国家与市民社会的相互关系，进而认为，"实际上，家庭和市民社会是国家的前提，它们才是真正的活动者"②，但人类思辨的思维却把这一切都颠倒乾坤、头脚倒置了。所以，黑格尔的政治国家只是建立在私有财产之上的虚幻共同体，是抽象的普遍利益，不能真正保障和实现人之自由。尽管马克思对黑格尔的政治国家以及法哲学切中要害地进行了深刻批判，体现出了其自由观的唯物主义倾向，但彼时的马克思依然把自由视作精神的本性，就连使用的语言都是黑格尔式的，如将市民社会的精神称作"主观自由"，将国家精神称作"客观自由"。几乎与《黑格尔法哲学批判》同期或稍晚一些问世的《德法年鉴》系列文章，马克思的思想悄然间就发生了前者未曾有过征兆的重大变化，特别是《论犹太人问题》已将人类解放作

---

① 蒋在峰.马克思自由观的生成逻辑及中国化[J].潍坊工程职业学院学报，2018（1）：22-25.
② 马克思恩格斯全集（第1卷）[M].北京：人民出版社，1956：250-251.

为头等问题拿来探索，共产主义萌芽。随后的《〈黑格尔法哲学批判〉导言》将无产阶级推向历史舞台，并揭示其地位与使命，为人类解放、实现自由找到了可以依赖的现实力量。可以说，"克罗茨纳赫转折"是马克思自由观走向科学自由观的一次关键转折，也是马克思在定在中探索人类精神自由的伟大成果。《黑格尔法哲学批判》开启了唯物史观，马克思由唯心主义走向唯物主义；《德法年鉴》则开创了共产主义，马克思由政治自由主义、革命民主主义走向共产主义。

二、作为人的类本质的自由：自由自觉的活动

如果说在"克罗茨纳赫转折"前，马克思探究的自由是"自我规定"的自由，那么在"克罗茨纳赫转折"后，马克思探究的自由则转向"自我实现"的自由。在"作为精神的自由"探索陷入迷思之际，一种全新的自由研究视域呼之待出。1844年旅居巴黎的马克思，超越了德国古典哲学纯粹理性自我运动的自由范畴，开辟了一条经由政治经济学批判通向自由王国的研究进路。此时的马克思已经认识到，通过宗教批判和政治批判而获得的宗教解放与政治解放固然是实现人的全面自由的先决条件，但仅仅是初步的某方面自由。其中，宗教批判只是使人摆脱苦难世界的一个开端而已；政治解放仅仅是实现了部分人的自由，或者更明确地讲，仅仅是实现了资产阶级的自由。而真正的人的自由与解放是属于全人类的，狭隘的资产阶级政治解放无法达成马克思关于全人类自由的伟大构想，只有超越狭隘的资产阶级有限自由，把人的真正本质还给人，才能实现人的全面自由。

（一）人的类本质的设定

将人的本质还给人是人的自由的真谛。那么，人的本质是什么？德国古典哲学家费尔巴哈首次从"类"的概念出发，将人视为类存在物，进而给出了人的本质的"类"本质解释。所谓人作为类存在物，就是"人作为

一个整体所具有的区别于动物等其他自然物的本质特征，亦即人之为人的特殊规定性"①。当然，费尔巴哈是在宗教批判中引出了"类"的概念，他认为宗教是人的本质的异化，而人的本质就在于能意识到自己既是一个个体，又是一个"类"。在"类"的关系中，人与动物、人与自身这两对关系是费尔巴哈所规定的"类"的基本关系。而人与自身关系的"类"，是与人作为个体相对立的普遍性，因此，在费尔巴哈眼里，人的本质仅存在于人与自身相统一的团体当中，故而人的本质是一种类本质。费尔巴哈看到了人的类本质的社会性一面，但由于其"类"的概念的引出是立基于宗教和上帝的本质，而非立基于人的现实存在和历史活动，因而其所看到的人的类本质的社会性是抽象的，人的类本质的普遍性也是一种抽象的普遍性，人的本质因而被抽象化，最终陷入历史唯心主义窠臼。马克思对人的本质的研究同样没有脱离人是类存在物这一概念，充分借用了费尔巴哈"类""类本质""类生活"等思想。所不同的是，马克思在借鉴的基础上对费尔巴哈人本主义思想以实践的视域进行了发展，既实现了对人作为类存在物的科学内涵的准确把握，又实现了对人的类本质的创造性设定。

首先，在人是类存在物的把握上，马克思讲道："人是类存在物，不仅因为人在实践上和理论上都把类——他自身的类以及其他物的类——当作自己的对象；而且因为——这只是同一种事物的另一种说法——人把自身当作现有的、有生命的类来对待，因为人把自身当作普遍的因而也是自由的存在物来对待。"②从中可以看出，人作为类存在物区别于动物的关键一点在于，人是一种有意识的类存在物。在自我意识主导下，人可以把自身的类当作自身对象，但动物则不然。马克思指出，动物也"能够为自己建筑居所或洞穴，比如蜜蜂、蚂蚁，但它们只会依据它们自身或者它们自己的幼仔的直接需要而进行劳动"，"动物的劳动只是为了满足它们自己

---

①宋银丽.马克思关于人的类本质思想及其教育启示[J].内蒙古师范大学学报（教育科学版），2007（11）：33-36.

②[德]马克思.1844年经济学哲学手稿[M].北京：人民出版社，2000：56.

的肉体需要"，"它们所生产的东西直接地只是属于它们自己的肉体"①，也就是说，动物的活动是无意识指导的活动，仅仅是为满足生存需要的本能活动，动物无法主宰自己的生命活动。除此之外，人也是一种对象性的类存在物。在自我意识主导下，人同样能将其他物的类变为自身意识的对象。自然界诸如动物、植物、阳光、水、空气、矿产等物均能被对象化为人的生产或生活资料和生产对象，人的本质由此转移或映射其中。人还是一种普遍性的类存在物。人作为类的存在，不可能是隔绝于其他物的类的孤立存在，人的存在与其他物处于普遍联系中。在人将自然物对象化的生产生活中，其他物已是人之生命活动的有机组成部分，在其他物的类的本质既定存在状态下，人能把握住这种本质并依人之尺度将其变为自身生产或生活资料，最终呈现以各种样态。在有意识的、对象性、普遍性类存在中，人的本质得以嵌入，通过对外部世界的改造实践，人看到了自身而有意识地以"自为"状态存在着，人的本质也不断被"产生着""证实着"和"实现着"。可以看出，"人既是能动的，自觉地将其他物作为自己的对象并加以改造；同时也是受动的，必须借助现实的对象才能够真正展现自身的本质"②。

其次，在人的类本质的设定中，马克思立足于其人是类存在物的基本判断对人的类本质做出了创造性设定："任何种的全部特性或类特性都集中体现在其生命活动的性质上"③，即能动的劳动。能动的劳动是把人和其他动物区别开来的关键，因此，人的本质就是人的类本质，这一类本质即自由自觉的劳动。很显然，马克思关于人的类本质的设定超越了费尔巴哈，费尔巴哈关于人的类本质设定是相对于直观静态意义上的感性存在而言的，而马克思却赋予了"类本质"以一种生命活动的意味，因此，"有意识的生命活动"即自由自觉的劳动不仅被视为人之本质，而且被视为人

---

① [德]马克思.1844年经济学哲学手稿[M].北京：人民出版社，2000：57.

② 陆莎莎.马克思关于人的类本质理论刍议[J].哈尔滨学院学报，2017（2）：5-8.

③ 谭培文，陈新夏，吕世荣.马克思主义经典著作选编与选读[M].北京：人民出版社，2010：8.

之本质的实现或外化。马克思认为，劳动或更广层面的对象性活动，是人确证自身为类存在物的基本方式，或亦可言，劳动或更广层面的对象性活动，使人的类本质得以实现，"通过实践创造对象世界，改造无机界，人证明自身是有意识的类存在物，就是说是这样一种存在物，他把类看作自己的本质，或者说把自身看作类存在物"①。所以，在马克思那里，劳动作为人的类本质的确证相当于一种逻辑上的规定，而劳动作为人的类本质的实现或外化则相当于一种生存论上的规定。人通过劳动实践，可使外部世界呈现出自己的意志和成果，如此一来，外部世界不但具有了作为人之对象的属性，而且还具有了作为人之劳动实践产物的属性，此即人生命之本质。某种程度上讲，劳动就是人的本质力量的对象化，其作为人的类本质，实际上就是人的自由本性。人因劳动而生成为人，也因劳动而改造了外部世界，不仅将外部世界变为自己生产对象以及生活原料，而且在这种生产和生活实践中将自身需求与本质内化为自己对象。正因这样的意志，人通过自身劳动将自己抽象意志物化或对象化为具体现实，从而实现自我同外部世界的有机联系。

（二）人的类本质的异化

人的类本质就是自由自觉的活动，这是马克思关于人的类本质的创造性设定。在这一设定下，人的自由实际上就演变为了人的类本质自由。马克思在《1844年经济学哲学手稿》中写道，"人把自己本身当作现有的、活生生的类来对待，当作普遍的因而也是自由的存在物来对待"②。足以看出，劳动、实践、生产、生活以及人的各种生命活动与自由紧密相连，构成为人的类特性，这种类特性即人的类本质，故而，人的类本质是自由的，自由亦是人的本质的内在要求。可问题是，这一本来就是作为成就人之自由本质的"自由自觉的活动"，究竟是"如何在一定历史阶段失去它

---

①[德]马克思.1844年经济学哲学手稿[M].北京：人民出版社，2000：57.
②[德]马克思.1844年经济学哲学手稿[M].北京：人民出版社，2000：49.

的自由性质，而成为异化和强制的"①？又是如何在本该自由自觉的活动中失去了自由的？在深入分析、批判和揭露资本主义生产关系私人所有制的荒谬性的基础上，马克思找到了"异化劳动"这一答案。马克思原本是想借劳动把握人的本质，可在探索中发现，由于资本主义私有制的存在，劳动并未给人带来真正的自由，人也并非能如愿自由自觉地生产生活。相反，人之自由自觉的活动为"为他人服务、受他人支配、被他人强迫"所取代，劳动被异化。而马克思所谓的"异化"，指的主要是这样一种奇怪现象，即"人作为有自我意识和能动性的主体亲手创造出来的力量外在于人，独立于人，不以人的意志为转移，与人疏远或隔膜，甚至转过来支配人，奴役人"②。这种"异化"本身就是自由的反面——不自由，人的异化就是人与其类本质相分离。为揭露这样的异化与不自由，马克思在《1844年经济学哲学手稿》中专门引用了一些资产阶级经济学家的论说，典型的如贝魁尔所指出的，"出租自己的劳动就是开始自己的奴隶生活；而出租劳动材料就是确立自己的自由……劳动是人，而劳动材料则根本不包括人"③。的确，异化劳动破坏了人区别于动物的作为有意识的类存在物的本质属性，回归到了与动物无异的存在状态，"人（工人）只有在运用自己的动物机能——吃、喝、生殖，至多还有居住、修饰等等——的时候，才觉得自己在自由活动，而在运用人的机能时，觉得自己只不过是动物。动物的东西成为人的东西，而人的东西成为动物的东西"④。异化劳动招致劳动者由主体被降级为了商品，在这种情况下，劳动者所生产的产品数量与力量同劳动者的贫困以及苦难程度形成鲜明的反比关系。也就是说，劳动者创造的财富越多，此时的劳动者也就越贫困、越苦难。最终，人失去了作为类存在物所该具有的类自由，沦为了受奴役对象，这显然不符合马克

---

① 陈刚.马克思的自由观[M].郑州：河南人民出版社，1996：271.
② 陈刚.马克思的自由观[M].郑州：河南人民出版社，1996：87.
③ [德]马克思.1844年经济学哲学手稿[M].北京：人民出版社，2000：26.
④ [德]马克思.1844年经济学哲学手稿[M].北京：人民出版社，2000：55.

思所要追求的以全人类自由与解放为理论依归的共产主义理想。所以，如何将人之本质复归、真正实现属于人之类本质的自由，正是马克思在这一时期以及未来的自由探索中亟待解决的一大难题。

（三）积极扬弃异化

异化劳动对自由带来的直接结果是残酷的，人的本质在异化劳动中被扭曲，人的自由也在异化劳动中被泯灭，剥削、压迫、奴役、强制、不自由以及片面畸形发展成为劳动者之常态。但异化劳动并非一无是处，相反，在马克思看来，此时的不自由反而在为未来的自由准备着条件，异化劳动对实现全人类的自由功不可没，是不可或缺的必经阶段，它为全人类扬弃异化以及获得自由和解放蓄积着力量。之所以如此，是因为人必须凭借人类共同的生命活动作为历史的结果，发挥自己作为类的全部力量，以此来呈现并证明自己是作为属人的类存在物。而要做到这一点，异化是不可避免的必经环节。这是因为"异化劳动推动科学与工业生产的迅速发展，而工业与科学则比传统的生产方式创造了高得多的生产力"[1]。也就是说，异化劳动助推了生产力的极大发展，而生产力即是人的力量，发展生产力就是发展人作为类存在物的类本质力量。因此，对待异化劳动合理的态度应是"积极扬弃"，不可全盘否定丢弃。"积极扬弃"是相对"消极扬弃"而言的，"消极扬弃"是简单的否定，而"积极扬弃"则是"克服一切消极的东西，保留一切合理的东西"[2]。那么，如何积极扬弃异化、回归人的本质自由？马克思找到了共产主义道路，他认为只有通过共产主义的实际实现才能扬弃这种异化，共产主义是人向作为社会的人亦即合乎人的本性的人的、保存了以往全部发展成果的彻底而自觉的复归，共产主义"是人和自然界之间、人和人之间的矛盾的真正解决，是存在和本质、

---

①陈刚.马克思的自由观[M].郑州：河南人民出版社，1996：94.
②陈刚.马克思的自由观[M].郑州：河南人民出版社，1996：96.

对象化和自我确证、自由和必然、个体和类之间的斗争的真正解决"①。可见，马克思在着眼于"如何实现自由"的探索中终于找到了一条现实出路，那就是共产主义。当然，彼时马克思的共产主义理想尚处于价值评价阶段，唯物史观有所萌发可远未成熟，不免带有一丝抽象色彩。尽管如此，但是，丝毫不会削减其作为人类通往自由之路的科学魅力。

马克思在《1844年经济学哲学手稿》中对这一初步形成的共产主义社会自由个人的价值理想做了多方面论述，对积极扬弃异化劳动以实现其心目中的"理想劳动"即"非异化劳动"首先从价值评判标准做了设定，主要有四：一是，既然人的本质力量呈现为劳动，而人的本质力量的对象化又呈现为劳动产品，那么，劳动者生产的劳动产品愈多，则劳动者的力量就应愈大；二是，既然劳动是属人的生命活动，是人的能力与力量的体现，那么，劳动者在劳动中应该感受到的是自觉自愿、自由自在；三是，既然自由自觉的活动是人对动物式本能生活的超越，体现了人的类本质，那么劳动对劳动者而言就应"是我真正的、活动的财产"②；四是，真正属人的交往应是将人自己看作手段，而非目的本身。在此基础上，马克思给出了其积极扬弃异化之后的"理想劳动"的应然姿态，总体上即"我们每个人在自己的生产过程中就双重地肯定了自己和另一个人"③，这种"双重地肯定"具体而言，即"（1）我在我的生产中物化了我的个性和我的个性的特点，因此我既在活动时享受了个人的生命表现，又在对产品的直观中由于认识到我的个性是物质的、可以直观地感知的因而是毫无疑问的权力而感受到个人的乐趣。（2）在你享受或使用我的产品时，我直接享受到的是：既意识到我的劳动满足了人的需要，从而物化了人的本质，又创造了与另一个人的本质的需要相符合的物品。（3）对你来说，我是你与类之间的中介人，你自己意识到和感觉到我是你自己本质的补充，是你自己不可

---

①[德]马克思.1844年经济学哲学手稿[M].北京：人民出版社，2000：73.

②马克思恩格斯全集（第42卷）[M].北京：人民出版社，1979：38.

③马克思恩格斯全集（第42卷）[M].北京：人民出版社，1979：37.

分割的一部分，从而我认识到我自己被你的思想和你的爱所证实。（4）在我个人的生命表现中，我直接创造了你的生命表现，因而在我个人的活动中，我直接证实和实现了我的真正的本质，即我的人的本质，我的社会的本质"①。人的类本质在马克思"理想劳动"中得以体现，"每个人的自由发展是一切人自由发展的条件"的思想也在马克思"理想劳动"中萌芽。通过对异化劳动的积极扬弃，人将实现对劳动、劳动产品和自然界的直接支配，人与自然、人与社会、人与类以及与自身的关系将到达统一和谐的境界。

三、作为人的全面发展的自由：自由个性

马克思对自由的探索在不断深化中越来越走向成熟、越来越走向科学。在《1844年经济学哲学手稿》②中，马克思从"人的类本质"出发，将自由的探究进路转离了精神自由视域。因为马克思看到了在人类社会发展中"劳动"所起到的决定性作用，马克思也看到了"自觉自愿的活动"之于实现人之自由的重要性，这是人类自由探索史迈出的可贵一大步。但无论《手稿》，抑或其后的《神圣家族》，仍或多或少带有旧思想观念的气息，如常运用"抽象的人"来批判资本主义非人现象、批判异化劳动，在人的自由和解放相关主题的论断上，仍带有抽象思辨的不彻底性。1845年，马克思恩格斯合著的《德意志意识形态》诞生，从根本上彻底清算了路德维希·费尔巴哈"抽象的人"之下的人本学思想，从现实的个人的物质生产实践活动出发创立了唯物史观。至此，马克思对人的自由的探索正式踏入了唯物主义自由观的科学之路，亦即开启了其自由思想的全新阶段——作为人的全面发展的"自由个性"。

---

①马克思恩格斯全集（第42卷）[M].北京：人民出版社，1979：37.
②[德]马克思.1844年经济学哲学手稿[M].北京：人民出版社，2000.

（一）走向科学自由观的前奏——创立唯物史观

一套科学的认知体系，往往离不开科学理论的支撑。关于自由问题的把握，在经历"自由意识"和"人的类本质自由"两个阶段之后，马克思的自由观逐渐走上了科学自由观的研究道路，而在推动科学研究自由问题的进程中，唯物史观的创立起到了奠基性作用。"现实的个人"及其实践活动是唯物史观的逻辑出发点，而这一逻辑出发点的逻辑结论就是人的"自由个性"（Free personality）的生成，亦即人的自由全面发展和获得的相应的社会解放。我们看到，此时的马克思对人之"异化"及其扬弃问题的探索已经由先验而思辨的风格转向了从现实出发的实践路线。因此，唯物史观的创立开启了马克思科学自由观——作为人的全面发展的"自由个性"的理论先河。马克思唯物史观以生产关系概念的创立为标志，由此马克思揭开了人类社会发展的基本规律——生产力与生产关系的矛盾运动规律。人类要生存繁衍、要过上美好幸福生活、要实现自我的解放和自由，一个基础性的前提条件就是必须要解决衣食住行等物质生活资料问题。生产力是人类在生产实践活动中所形成的改造和影响自然并使之适合自身需要的力量，就是要解决人类生存所需物质生活资料这一问题，构成人类第一个历史活动，也是全部人类历史的基础。然而，人在解决物质生活资料这一活动中，又不是孤立行动的，而是"为了进行生产，人们相互之间便发生一定的联系和关系；只有在这些社会联系和社会关系的范围内，才会有他们对自然界的影响，才会有生产"①，马克思所说的"这些社会联系和社会关系"实际上就是他所创立的"生产关系"，即在物质生产实践活动中人们所形成的不以人的主观意志为转移的各种经济关系。生产关系是最基本的社会关系，制约和支配着其他诸如家庭关系、宗教关系、政治关系等各种关系。

---

①马克思恩格斯选集（第1卷）[M].北京：人民出版社，1995：344.

马克思发现，正是在生产力与生产关系这对矛盾关系的辩证运动中，人类社会才不断走向前进。依照马克思创立的唯物史观，作为人类社会存在基础的物质资料生产活动中存在着"二重关系"，即"人与自然"之间的关系和"人与人"之间的关系。前者呈现为生产力，而后者呈现为生产关系。前者是最能动、最活跃的因素，总是一直向前发展；而后者则相对稳定。在人类社会不断向前推进中，生产力不断发展，而适应于旧式生产力状态的原有生产关系就会逐渐不适应新兴生产力的发展要求，进而演变为现实生产力发展的障碍与桎梏。因而，人类"为了不致失掉文明的果实，人们在他们的交往方式不再适合于既得的生产力时，就不得不改变他们继承下来的一切社会形式"[1]。也就是说，不得不变革旧有的生产关系从而适应生产力的不断发展，这是一个不断反复但同时也是不断跃迁的螺旋式上升过程。在这个过程中，每一次成功的变革，都是对社会基本矛盾某一方面问题某种程度的有效解决，人类社会在各种矛盾的不断克服与解决中得到不断发展和进步。人类在生产力与生产关系的矛盾运动中随着社会的不断进步而不断走向解放与自由。实际上，生产关系概念是马克思最伟大的独创，也是马克思唯物史观形成的标志，在生产关系概念下，才有了马克思从生产力生产关系矛盾运动规律出发去分析人类自由的科学探索。尽管这一概念首次正式提出于《哲学的贫困》，但这一概念的相关内容在《德意志意识形态》中早已有之，如马克思早年提出的市民社会、私有制、分工等概念，实质上都是用来描述生产关系的。

马克思唯物史观的形成开启了一种全新的历史观，在这种新型历史观下，马克思关于自由问题的探索已经"不是从每个时代中寻找范畴，而是始终站在现实历史的基础上，不是从观念出发解释实践，而是从物质实践出发解释观念，这样历史就在唯物主义根基上得到全新的解释"[2]。

---

① 马克思恩格斯全集（第27卷）[M].北京：人民出版社，1972：478.
② 陈刚.马克思的自由观[M].郑州：河南人民出版社，1996：107.

（二）自由个性的生成

何谓"自由个性"？马克思并未对其做出过明确界定。然而，根据马克思对"自由"问题的相关论述可以发现，"自由个性"就是关于人之自由境界展开之后所能达致的一种最高境界，是人的个性的充分发挥，它是涵括了人之智力、体力、才能、兴趣等在内的诸多个性因素皆能得到自由、充分而全面发展的一种理想状态。"自由个性"一词，马克思其实很少使用，但丝毫不影响"自由个性"在马克思心目中的分量。在马克思的诸多作品中，只有五处地方对"自由个性"这一概念做出过明确提出："四处集中于《1857—1858年政治经济学批判手稿》，另一处是在《资本论》中提出的。"[1]在这鲜有明确论述的五处论述中，"自由个性"的概念逐渐成型走向成熟。然而，最具里程碑意义、最为经典、也最能囊括马克思"自由个性"这一概念生成史的论述莫过于其人类社会历史形态"三阶段"论：

> 人的依赖关系（起初完全是自然发生的），是最初的社会形式，在这种形式下，人的生产能力只是在狭小的范围内和孤立的地点上发展着。以物的依赖性为基础的人的独立性，是第二大形式，在这种形式下，才形成普遍的社会物质变换、全面的关系、多方面的需要以及全面的能力的体系。建立在个人全面发展和他们共同的、社会的生产能力成为从属于他们的社会财富这一基础上的自由个性，是第三个阶段。第二个阶段为第三个阶段创造条件。[2]

---

①孟婷，张澍军.精微剖析马克思"自由个性"思想的概念内涵——从马克思关于"自由个性"的五处文本直述展开[J].湖北社会科学，2018（6）：10-16.
②马克思恩格斯文集（第8卷）[M].北京：人民出版社，2009：52.

在马克思看来，人类"自由个性"的生成过程同步于人类社会演进史。在"人的依赖关系"这一原始阶段，根本就不存在为现代人所津津乐道的"个性"，因为就连作为"个性"主体的"个人"在当时都是作为依附于共同体的一种附属物存在着。正如古代根本不可能有电灯一样，因为在那个年代连电都没有。或者更为明确地讲，"在文化的初期，以独立资格互相接触的不是个人，而是家庭、氏族等等。"[1]。在这类共同体中，个人根本不称其为个人，甚至连称其为人的念想都是奢侈的，个人仅仅是作为共同体中的一分子与外界发生着各种对象性关系。因为在那个年代，人的生产能力是"狭小"的，是"孤立"的，每个人都需要依赖其他人和共同体才能存活下来，否则连活下来的机会可能都没有。在此种状况下，每个人自觉不自觉地就融入某个共同体，并以此共同体作为其"安身立命"之本，根本没有"个人"可言，也根本没有独立性可言，更何况个性。所以，在人类社会发展的第一阶段，人是不存在个性的，更不存在自由个性。

在人类社会发展的第二阶段，即"物的依赖关系"阶段，"随着'物质变换'日益扩展和频繁，人具备了一定的物质基础来满足生存和发展之需，换言之，人逐步在'物的依赖性'基础上挺立起'独立性'和'个性'，表现为人的'关系''需要'和'能力'得到一定程度的拓展、满足和提升"[2]。在人类社会发展的第一阶段，人的独立性的丧失，很大程度上是受制于生存本能的驱使，因为离开共同体的"个人"就是一个"死人"。但随着社会生产的不断发展，社会物质成果不断丰富，人的生产能力亦不断提升，由此，笼罩在原始阶段每个人周围的"脱离了共同体而无法生存"的阴霾渐渐散去，人作为人、人作为个人、人作为自己，终于获得了突破，在一定程度上从原来的共同体中"独立"出来，形成了独立的

①[德]马克思.资本论（第1卷）[M].北京：人民出版社，2004：407.
②孟婷，张澍军.精微剖析马克思"自由个性"思想的概念内涵——从马克思关于"自由个性"的五处文本直述展开[J].湖北社会科学，2018（6）：10-16.

个人，从而也为个性的生成奠定了物理基础。正如有了电，才有电灯出现的可能性。但令人遗憾的是，处于这一阶段的个人的"个性"仅仅是一种难以脱离"物"的有限的个性，尽管社会物质财富积累与发展水平在这一阶段有了很大改善和提高，但每个人的生存与发展所需还不能得到充分满足。因此，即使每个人已经挺立起了自己的所谓的"个性"或"独立性"，也形成了一定程度的自由生存和发展空间，但这种自由仍然是不充分的自由，这种个性仍然是不彻底的个人。"人对人的依赖"仅仅是被"人对物的依赖"所取代，换来的也仅仅是形式上的个人、个性以及自由个性，实质上仍然是不自由，人的"自由个性"的命运与"物"的占有状况牢牢捆绑。

在人类社会发展的第三阶段，即"自由个性"阶段，"随着物质财富的巨大丰富和物质变换的普遍拓展，当每个人都无须考虑物质条件等方面的限制，他的'关系''需求'和'能力'等个性发展因素趋向'多方面'，乃至'全面'"①。此时，人作为人、人作为个人、人作为自己才充分实现，人的"自由个性"亦得以真正生成和展开，人类追求自由的境界层次也才能不断跃迁进入新兴的"自由个性"阶段。在这一阶段，"关系""需要"以及"能力"等构成"个性"的要素会随着人类社会的不断演进而不断增加促成自由的因子，人的"自由个性"在这种不断演进中也得以生成和实现。但需强调的是，"自由个性"的生成与实现，实际上就是人之"关系""需要"和"能力"等个性要素的永无止境、源源不断的生成与实现。所以，尽管"自由个性"是人类自由的理想状态，但并非终极状态，"自由个性"依然是一个跟随社会历史发展而不断跃迁的动态自由概念。在整个"自由个性"的生成过程中，马克思始终紧紧关切着人类生存发展所需的物质条件展开，其"自由个性"是在人类社会发展的大背景中历史地生成的，是马克思唯物史观生产力生产关系矛盾运动规律在人

---

①孟婷，张澍军.精微剖析马克思"自由个性"思想的概念内涵——从马克思关于"自由个性"的五处文本直述展开[J].湖北社会科学，2018（6）：10-16.

类自由问题探索中的充分展现。对此，马克思在《资本论》中做出了富有建设性的设想："满足这种需要的生产力"会不断扩大，人们为控制生产力而"联合起来"对物质变换进行调节，到那时，人们就从"必然王国"进入了"自由王国"。

马克思的"自由个性"思想的生成过程实际上同步于人类社会历史的发展过程。马克思对"自由个性"的探索，实际上就是在对社会历史形态的考察中历史地展开的。总体而言，在第一阶段——"人的依赖关系"阶段，个人和个性是虚无的；在第二阶段——"物的依赖关系"阶段，个人得以凸显，但其个性仍为"物"所限；在第三阶段——"自由个性"阶段，个人真正独立，个性得以真正展开并获得充分实现。实际上，伴随着"自由个性"的生成，人类自由经历了"从体格之独立到人格之独立再到个性之独立，从（官）性到理性再到个性"[1]的历史演进。

（三）自由个性的实现

马克思创立人类三大社会形态理论的时期，正是人类社会发展处于第二阶段的资本主义时期，即人的独立和自由依赖于"物"的时期。马克思看到了资本主义阶段对人的独立性、人的自由个性相较于原始阶段的进步性，但与此同时也看到，资本主义社会中人的"自由个性"的"自由"是少数人——资本家的资本自由，"个性"是关系、需求和能力等个性发展因素寄生于"物"的有限个性。因此，如何真正实现人的自由个性，马克思将视野立足于其所处时代——资本主义时代对人的不自由的剖析，并进而提出了人类走向自由、实现个性解放和全面发展的科学之路。

在人类社会发展形态第二阶段所处的资本主义时代，人之所以不自由，马克思认为，分工与私有制是社会压迫之源，同社会压迫社会强制相联系在一起的不自由几乎都从之而来，或与之密切关联。一方面，在分工

---

①唐程.马克思哲学视阈中自由个性三阶生成论[J].社科纵横，2014（6）：116-119.

出现以后，每个人就都具备了貌似属于自己的活动范围，获得了表面看似独立的独立性，但这个"范围"实质上是强加于其本人的"范围"，他就始终应是处于这个活动范围的人。这是分工带来的不自由的一个层面。另一方面，分工不仅把人所不感兴趣的事情强加于人，而且还带来人的片面畸形发展。体力和脑力的分工、阶级和私有制的出现，造成一部分人专门从事艰辛劳动、为整个社会的存续流血流汗流泪；而与此同时，另一部分人却过着悠哉乐哉的生活，并借前一部分人劳动所创造的时机与条件来发展自己的脑力与智力。由此造成的结果是，无论是在"前一部分"中艰辛劳动的体力劳动者，抑或是在"后一部分"中"坐享其成"的脑力发展者，均未获得全面发展，前者失去了脑力智力发展机遇，而后者失去了强健的体魄。当然，在这种片面畸形发展中，马克思认为，最苦的还是劳动者阶级，他们被迫一辈子只能在某个领域发展。这是分工带来的不自由的第二个层面。

马克思在《德意志意识形态》中看到了资本主义生产条件下分工与私有制带给人的不自由以及人的片面畸形发展，但从发展角度看，纯哲学或纯历史观的分析尚不足以揭示资本主义社会中不自由的真正面目。为此，必须辅之以马克思其他相关论述，"如当代资本主义社会抽象自由的特征与内容，资本主义强制与异化的内在机制，剩余劳动时间转化为可自由支配时间，人的个性与能力自由而充分的发展，所有这些同自由有关的重要问题都同资本家剥削工人剩余价值这个资本主义社会最基本的现象联系在一起"①。于是，《〈政治经济学〉批判大纲》和《资本论》的诞生承接了这一使命。马克思在这两部作品中，抛开了《德意志意识形态》中仍具有的抽象性弱点，终于用剩余价值学说揭开了资本主义社会不自由的真面目，也发掘了资本主义社会的不自由或异化产生的内在机制，为如何走向共产主义社会人的自由个性的全面充分发展，奠定了科学的理论基础并

---

①陈刚.马克思的自由观[M].郑州：河南人民出版社，1996：126.

指明了方向。马克思认为，资本主义社会尽管从商品交换形式上是自由平等的，但隐含在形式自由平等商品交换背后的是物化在商品中等量人类抽象劳动的不平等互换，资本主义社会产生和发展的内在奥秘就是在这种表面自由平等交换掩盖下的对工人剩余价值的残酷剥削。"一方面，资本家购买工人的劳动力，付给工人工资，工人为资本家生产，双方在形式上是平等的，商品等价交换的原则并未违反。另一方面，资本家使工人劳动时间超过一定点，即超过偿付补偿他的工资或购买生活资料部分，或必要劳动时间，从而无偿占有工人在剩余劳动时间所创造出来的价值即剩余价值"①。在这样一种资本主义生产交换分配的内在机制下，剥削、强制、奴役、压迫以及异化等不自由现象纷纷产生。当然，马克思对资本主义社会运行规律并非持纯粹批评否定的立场，而是在批判的基础上，马克思看到了资本主义生产条件下蕴藏着的人类通向自由之路的"大好良机"，那就是资本主义社会的这种暂时的不自由实质上在为未来的自由创造着不可或缺的必要的物质条件。因为在剩余价值规律驱使下，资本家会竭尽全力去发展生产，探索科学，推动着生产力不断向前发展，生产力的巨大发展最终会冲破资本禁锢，促进自由社会的到来。在到来的自由社会中，资本主义强制、压迫、奴役以及异化等被扬弃，以物的依赖关系为纽带的人的片面畸形发展被自由个性和全面发展的个人所取代，表面形式上的自由以及不自由将转化为实质上的真正自由。

在从劳动二重性理论以及剩余价值理论对资本主义社会不自由现象的真实面目深刻发掘的基础上，马克思对人的自由个性的实现做出了科学论断，使得人类对自由问题由抽象或半抽象的探索走向了具体的进路开拓，为人类摆脱束缚、强制和压迫找到了出路。以此为基础，马克思给出了资本主义抽象自由向共产主义自由——人的自由个性转化的基本思路。在这些基本思路中，"剩余劳动时间"与"社会个人的所有制"成为人类脱离

①陈刚.马克思的自由观[M].郑州：河南人民出版社，1996：128.

资本主义虚假自由而走向共产主义真实自由必经的如下两个逻辑链条：

首先，"剩余劳动时间"要转化为"可自由支配时间"，这是人类实现自由个性的时间逻辑维度。马克思将劳动区分为社会必要劳动和剩余劳动，相应地，将劳动时间区分为必要劳动时间和剩余劳动时间。必要劳动时间是马克思正视人类生存发展所需——衣食住行等问题所得出的必要结论。人只有先生存下来，才有谈自由的可能性。因此，为满足生活资料所需而付出的劳动时间就是必要劳动时间；相应地，为满足生存需要之外所需——剩余财富而花费的劳动时间就是剩余劳动时间。人自由与否的奥妙也正蕴藏于此，在阶级社会，这种"剩余"出现，并非被"剩余"的直接创造者——劳动者所占有，而是被剥削阶级占有，形成一部分人的自由、另一部分人的被剥削和不自由。尤其是在资本主义生产条件下，劳动力成为商品，为满足生存所需的必要劳动时间以劳动力价格，即以工资的形式表现出来，而剩余劳动时间则以剩余价值的形式表现出来，并被资本家无偿占有。尽管如此，这种"剩余"为人类走向自由个性积蓄着力量：一方面，为少数人醉生梦死、挥霍享受提供了条件；同时也为一部分人智力发展奠定了基础。工人在其剩余劳动时间及剩余财富被资本家的剥削中获得了实质上的不自由，但马克思并未止步于此，而是看到了这种"剩余"对人类实现自由的重要性，进而提出要走向共产主义社会。在共产主义社会中，劳动者成为生产资料的主人，如此一来，用于满足生存需求的必要劳动时间方可减到最低限度，人们的自由个性在充足而丰富的剩余劳动时间里才能得到全面发展，才能成为自己可自由支配的时间，可自由支配的时间又成为人的能力和个性自由而充分发挥才能的时间。因此，在自由个性的实现中，剩余劳动时间转化为可自由支配时间是必要的一环。

其次，"资本主义私人所有制"要转化为"社会个人所有制"，这是人类实现自由个性的物质逻辑维度。在阶级社会中出现的不自由，根源在于被压迫者、被剥削者、被奴役者所有权的虚无或丧失，没有所有权的个人也就无所谓自己的个性和独立性。"在奴隶制度下，是奴隶主的个性和独立性，奴隶完全没有独立性；封建制度下，是封建领主的个性和独立性，农民或者农奴只是在自己的小块土地上才有着有限的个性和独立性；而在资本主义制度下，是资产阶级的个性和独立性，工人阶级由于自由地一无所有，所以完全丧失了个性和独立性"①。可见，阶级社会中的个性和独立性是专属于那些具有生产生活资料、劳动产品所有权的少数人的个性和独立性，"自由个性"也仅仅是属于少数人的"自由个性"。因此，早在《1857—1858年经济学手稿》②中，马克思就已经提出，势必要在共产主义社会中"重建劳动者个人所有制"。"资本家对这种劳动的异己的所有制，只有通过他的所有制改造为非孤立的单个人的所有制，也就是改造为联合起来的社会个人的所有制，才可能被消灭"③。"非孤立的单个人的所有制"实际上就是马克思所说的"社会个人所有制"。在"社会个人所有制"中，劳动者才能真正夺回属于自己的个性和独立性。1867年，马克思《资本论》第一卷发表，更为精辟而清晰地阐述了其被誉为"经济学界哥德巴赫猜想"的"重建社会个人所有制"思想："由资本主义生产方法生出的资本主义占有方法，即资本主义的私有制，是对个人的以自身劳动为基础的私有制的第一个否定。但资本主义生产，又以一种自然过程的必然性，造成了它自身的否定。这是否定之否定。这种否定，并不是恢复劳动者的私有制，但将以资本主义时代已有的造诣为基础，以合作及土地与生产手段（由劳动所生产的生产手段）的共有为基础，建立一种个人的所有制（Individuelle Eigentum）"④。马克思重建"个人所有制"就是旨在实现"每一个个人"之个性和独立性，就是旨在实现"每一个个人"之自由而全面发展的生存状态。而要实现这一目标，就必须回归类似于原

①王盛辉.马克思"自由个性"思想的历史生成——基于文本解读的考察[D].博士学位论文，山东师范大学，2009：Ⅰ-Ⅱ.

②黄晓武.马克思主义研究资料（第5卷）——《1857—1858年经济学手稿》研究[M].北京：中央编译出版社，2013.

③马克思恩格斯全集（第48卷）[M].北京：人民出版社，1985：21.

④[德]马克思.资本论（第1卷）[M].郭大力，王亚南译.上海：上海三联书店，2009：567.

始阶段的"每一个个人"的所有制，唯有如此，方可保证"每一个个人"之所有权，在"每一个个人"实质占有所有权的基础上，方可保证"每一个个人"之个性和独立性、"每一个个人"之自由而全面发展。当然，回归原始阶段"每一个个人"的所有制，并非说要回归到原始共同体"人的依赖关系"阶段。这样的一种回归，是在社会生产力高度发达基础上、社会财富高度丰富基础上的一种跃迁式回归，是对原始个人所有制的否定之否定。因此，"自由个性"的实现就是在更高层次上实现古代共同体过程中，"要在占有现代世界创造的大量生产力的基础上实现着个人和社会自由而充分的发展"①。

---

①王盛辉.马克思"自由个性"思想的历史生成——基于文本解读的考察[D].博士学位论文，山东师范大学，2009：Ⅰ-Ⅱ.

第七章　马克思自由观视域下哈耶克自由理论再审视

　　哈耶克与马克思是关于人类自由问题研究的两位杰出研究者，二人所形成的自由理论或自由观，实质上代表了近代以来西方两条不同进路的自由学说——自由主义与社会主义。自1840年鸦片战争开始，帝国主义的坚船利炮打碎了国人的"天国梦"，中国沦为受苦受难的半殖民地半封建社会。为此，无数仁人志士探索救国图强之路，但都以失败告终，有的甚至献出了宝贵生命。20世纪10年代，面对内忧外患，以"启蒙与救亡"为宗旨的新文化运动全面铺开，各种主义与学说迅即传入中国。其中，就有令当时许多知识分子所深受吸引的马克思主义和自由主义，对"自由和平等"的价值追求成为这"两大主义"的现实关切和实践支撑。自1921年中国共产党成立将马克思主义确立为指导思想以来，马克思主义逐渐成为中国主流意识形态，其与自由主义之间的关系问题也日趋凸显。1949年新中国建立，自由主义思潮就此一度销声匿迹。1978年改革开放之后，以马克思主义为主流意识形态的当代中国选择了市场经济，由此，马克思主义与自由主义之间的关系问题再次映入人们视线，成为一个不可能不面对，而且也不得不面对的时代话题。抛开意识形态论争不说，就如何解决新中国从"站起来"到"富起来"这一现实难题，让马克思主义与自由主义实现再次对话已势在必行。如今，中国特色社会主义制度下社会主义市场经济体制的成功实践向世人有力证明，当初我们以开放的姿态促成这种对话的选择是正确的。今天，我们已全面开启社会主义现代化建设新征程，中国改革不会停顿，开放也不会止步，具有中国特色的社会主义市场经济在全面实现社会主义现代化道路上的步伐将迈得更加稳健、迈得更加坚定，这在一定程度上为新时代马克思主义与自由主义的对话开辟了更为广阔的可能性空间。本章即以此为背景，分析马克思与哈耶克自由观之间存在的内在关联，并在马克思自由观视域下力求深刻审视哈耶克自由理论中关于自由理据、自由内涵以及自由实现路径等方面的根本分歧，辩证分析哈耶克自由理论的理论局限，站在马克思自由观的根本立场上，揭示哈耶克自由理论中的合理性因素，尽力挖掘哈耶克自由理论对新时代中国特色社会主义事业的若干可供借鉴价值。

一、哈耶克自由理论与马克思自由观的内在关联

古圣人孔子有云："道，不同，不相为谋！"一般认为，将身处时代不同、历史境遇不同，更主要的是思想路线不同的马克思与哈耶克两位人物的自由观放在一起找寻共同点，无异于缘木求鱼。实则不然，哈耶克所代表的自由主义的确"视自由为己出"，对自由的追求达到了极致。但自由并非自由主义的专利，马克思所主张的社会主义同样追求自由，甚至是在追求更大范围的实现全人类解放的自由。甚至可以讲，马克思与恩格斯科学社会主义的灵魂就是自由。所以，真正的社会主义并非没有自由，更非不需要自由，社会主义对自由的渴盼一点儿都不逊色于自由主义。正如李大钊在其《自由与秩序》一文中所言："个人主义与社会主义绝非矛盾……真正合理的个人主义，没有不顾社会秩序的；真正合理的社会主义，没有不顾个人自由的"[①]，因而个人主义与社会主义并不矛盾，社会秩序与个人自由也并不矛盾。仅就追求自由的价值诉求这一点看，双方就存在共同点，由此也必然会衍生出二者一定程度的某些内在关联。

（一）肯定个人自由的价值

肯定个人自由的价值，重视实现个人的自由，是个人主义自由观的核

---

①李大钊.李大钊文集[M].北京：人民出版社，1984：437-438.

心观点，同样也是马克思与哈耶克自由观的内在关联。个人主义思想历史悠久且充满歧义：托马斯·霍布斯（Thomas Hobbes）从人性自私论出发，将个人视作社会中不停运动并相互碰撞着的原子；约翰·密尔（John Stuart Mill）从个人行为影响范围出发，将个人主义的人的自由的适当界域分为行动自由、思想自由与结社自由等三个层面，并指出，"人类若彼此容忍各照自己所认为好的样子去生活，比强迫每人都照其余的人们所认为好的样子去生活，所获是较多的"①；托克维尔（Alexis de Tocqueville）则表达了个人主义容易走向利己主义的不安，"个人主义是一种只顾自己而心安理得的情感，它使每个公民同其同胞大众隔离，同亲属和朋友疏远。因此，当每个公民各自建立了自己的小社会后，他们就不管大社会而任其自行发展了"②，在这种情况下，"他们对自己的力量怀有傲视一切的信心，由于认为从今以后不会再需要同伴的帮助，他们也就无所顾忌地表现出只顾自己而不顾他人"③的利己主义；洛克（John Locke）则在霍布斯原子个人主义基础上提出了现代个人主义思想，他认为，"自然状态有一种为人人所遵守的自然法对它起着支配作用而理性，也就是自然法，教导着有意遵从理性的全人类：人们既然都是平等和独立的，任何人就不得侵害他人的生命、健康、自由或财产"④。所以，洛克个人主义世界观中的"自由"乃是一项"天赋人权"。

毋庸置疑，自由主义之核心即个人主义，"个人主义是自由主义的落实之处。个人主义是自由主义最真实的起点，也是自由主义最真实的终点。自由主义者从个人主义出发，经历社会的程序，及文化的涵化，又回到个人主义"⑤。在一个个人主义盛行的社会里，个人自主性被高扬，自由选择和行动被崇尚，个人自由的实现、保障和维护成为自由主义自由的起

①[英]约翰·密尔.论自由[M].许宝骙译.北京：商务印书馆，1959：14.

②[法]托克维尔.论美国的民主（下卷）[M].董果良译.北京：商务出版社，1997：625.

③[法]托克维尔.论美国的民主（下卷）[M].董果良译.北京：商务出版社，1997：628-634.

④[英]洛克.政府论（下）[M].北京：商务印书馆，1964：6.

⑤殷海光.思想与方法[M].上海：上海三联书店，2004：41.

点和归宿。哈耶克语境中的真正的自由就是个人自由，因而其对自由给出的界定也是围绕"个人自由"展开的，即一个人不受他人专断意志强制的状态。当然，哈耶克的个人主义是区别于盲目否定集体价值和夸大个人自由的利己主义的"真个人主义"。在对实现个人自由这一命题的把控上，哈耶克始终如一"以财富的个人主义保障行为的个人主义的观念，运用方法论的个人主义来分析人类社会"①。哈耶克自由理论专注于"个人自由"的论断想必是公认的，且容易理解，但对于马克思从"个人自由"出发的自由观的见解恐怕不能为人所轻易理解和接受。实际上，马克思眼中的自由，其出发点和归宿也是实现个人的自由，只不过在实现个人的自由的道路上，马克思将其诉诸集体自由的路径，经由集体自由达到个人的自由。对此，甚至有人认为，"马克思的人类解放理想不是物质的天堂，而是自由人的联合体。这一理想有着深刻的个人主义基础"②。从马克思对个人与市民社会、个人自由与财富平等、个人与社会等诸多关系的阐释中，就可以看出融入马克思自由观中以实现个人的自由为基础的个人观。

马克思通过对个人与市民社会关系分析清醒地认识到，在资产阶级的所谓的"市民社会"中的所谓的"人的自由"仅仅是"作为孤立的、封闭在自身的单子里的那种人的自由"③而已。而要实现个人自由，就应当把属于人的世界和属于人的关系还给属于人的人自己，也就是说，"只有当现实的个人同时也是抽象的公民，并且作为个人，在自己的经验生活、自己的个人劳动、自己的个人关系中间，成为类存在物的时候，只有当人认识到自己的'原有力量'并把这种力量组织成为社会力量因而不再把社会力量当做政治力量跟自己分开的时候，只有到了那个时候，人类解放才能完成"④。在对个人自由与财富平等关系分析中，尽管马克思无情揭示和批判

①王力.当代中国语境中的马克思与哈耶克[D].博士学位论文，天津师范大学，2006：70.

②汪行福.马克思与现代性问题[J].现代哲学，2004（4）：11—19.

③马克思恩格斯全集（第1卷）[M].北京：人民出版社，1956：438.

④马克思恩格斯全集（第1卷）[M].北京：人民出版社，1956：443.

了资本主义私有制，但并非置个人自由实现之财富基础于不顾，而是客观指出了实现共产主义社会全人类自由的生产力基础，认为社会财富的集体占有是实现自觉的个人自由的前提，因为"只有在集体中，个人才能获得全面发展其才能的手段，也就是说，只有在集体中才可能有个人自由"[①]。在集体中，人与人的生产劳动形成合作，相互协助、互为依存，通过合作，"不仅提高了个人的生产力，并且创造了一种新的生产力，即集体力（Massenkraft）"[②]，哪怕是"单纯的合作，也可以生出伟大的结果来。这可以由古代亚细亚人，埃及人，伊特拉斯康人的巨大建筑物来说明"[③]。

（二）尊重社会发展内在规律

无论是马克思坚持的人类社会基本矛盾运动规律，抑或是哈耶克坚守的自生自发秩序，实际上均是二人对归源于人类社会发展内在规律的尊重与认可。关于人类社会发展的原因和动力问题，马克思与哈耶克在对人类社会历程进行全面探索基础上给出了两套不同的解释体系：前者为唯物史观进路；后者为自发秩序进路。马克思唯物史观的解释体系是在对资本主义经济制度的批判和对人类物质生产实践活动的考察中形成的，马克思发现，生产力和生产关系的矛盾运动是人类社会发展的基本规律和基本动力。所以，在马克思眼中，人类社会发展是有规律可循的，这种规律是"自发"的，而且是不以人的主观意志为转移的，但是这种规律是可以被人的主观意识所认识、利用的。而哈耶克则否定了人类社会发展规律的存在，从"秩序"的进路做出了人类社会发展动力的"自发秩序"解释。哈耶克认为，人类社会之所以发展，是社会秩序的"功劳"。有了社会秩序，"在本质上便意味着个人的行动是由成功的预见所指导的，这亦即是说人们不仅可以有效地运用他们的知识，而且还能够极有信心地预见到他

①马克思恩格斯列宁斯大林毛泽东论人权[M].北京：中共中央党校出版社，1992：8.
②[德]马克思.资本论（第1卷）[M].郭大力，王亚南译.上海：上海三联书店，2009：225.
③[德]马克思.资本论（第1卷）[M].郭大力，王亚南译.上海：上海三联书店，2009：230.

们能从其他人那里获得的合作"①。而此类社会秩序不是人为设计的外部"人造秩序",而是"无数追求个人目的的个人之间通过自发的相互交往生成的一种整体的社会秩序,它是一种抽象而非具体的秩序,不依特定目的而产生也不为特定目的服务,它是人之行动而非人之设计的产物,它的复杂程度超越了人类心智的理解程度"②。哈耶克的自生自发秩序落到具体形态层面就体现为规则,显然,哈耶克眼中的规则是"自发"的,他对人类社会发展的"自发秩序"的解释进路同样体现了对"自发性"的遵守。哈耶克不承认规律的存在,在他看来,不管是生物进化过程,还是文化进化过程,根本就不存在、也不可能存在如马克思所说的"不可避免的历史发展规律"或者人类社会进化规律。尽管如此,但哈耶克实际上已经有意无意地承认了其所称之为规则的东西具有推动社会发展和支配人类行为的客观规律性。

就表象而言,规律与规则貌似分属不同层面的两个概念,但置于马克思与哈耶克自由思想体系中,二者实则存在诸多交叉,马克思与哈耶克也存在更多对规律和自发性规则的共同遵守。如在众多"自发秩序"规则中,哈耶克最为推崇的就是市场规则基础上所形成的市场秩序。市场秩序是哈耶克自发秩序的典型范式,也最具代表性。哈耶克认为市场秩序是经长期试错和选择之后自然进化而成的一种最好的经济秩序。"通过遵守决定着竞争性市场秩序、自发产生的道德传统(与大多数社会主义者所服膺的理性主义教条或规范相符合的传统),我们所生产并积蓄起来的知识与财富,要大于那些自称严格遵循'理性'办事的人所鼓吹的中央指令式经济所能得到或利用的数量"③。哈耶克看到了市场秩序带来的效率优势,但忽视了市场机制盲目性带来的不良后果。然而,市场秩序作为一种客观规

---

①[英]哈耶克.自由秩序原理(上)[M].邓正来译.北京:生活·读书·新知三联书店,1997:200.

②王力.当代中国语境中的马克思与哈耶克[D].博士学位论文,天津师范大学,2006:86.

③[英]哈耶克.致命的自负[M].冯克利,胡晋华等译.北京:中国社会科学出版社,2000:2.

律，同样没有逃脱对客观规律一向"敏锐"的马克思。马克思早在1845—1846年期间写作的《德意志意识形态》中就有阐发："只要生产力还没有发展到足以使竞争成为多余的东西，因而还这样或那样地不断产生竞争，那末，尽管被统治阶级有消灭竞争、消灭国家和法律的'意志'，然而它们所想的毕竟是一种不可能的事。"①可见，马克思也发现了市场秩序的自发性和竞争性特质，而且是不可跨越和阻挡的，具有历史必然性。

（三）重视法律于自由之积极功用

人人都渴望自由，但人人都不可能不计条件地任意享有自由。哈耶克在对自由的界定上，尽管直观地看，是从与外在强制的对立点做出的，即自由就是不受外在强制之状。但进一步深究发现，哈耶克所言之会妨碍自由的"外在强制"，并非否认和拒绝一切强制，其所指强制是指来自他人专断的意志者。而哈耶克严格界定之下的法律，不仅不构成对自由的限制，而且是自由的保障，也是自由以法律形态的呈现。在这一问题上，哈耶克与康德是一致的，"正像康德所说的那样（并且在他以前，伏尔泰也用非常相似的措辞说到过），'如果一个人不需要服从任何人，只服从法律，那么他就是自由的'"②。可见，哈耶克自由理论中的自由是"法治之下的自由"，或曰"法律之下的自由"，法律与哈耶克的自由密不可分，自由并不是某些"积极自由"者所倡导的那种随心所欲的自由，更不是为所欲为的自由，而必须是以法治为基础、受法律规约和保障的有条件的自由。那么，哈耶克严格界定下的能够体现和保障自由的法律具备哪些苛刻特征？首先，必须具备一般性和抽象性。这样的法律"针对的是一些尚未知的案例，并不包含涉及特殊的个人、地点或事物的内容。这样的法律效力必须是前瞻的，而绝不能是往后追溯的"③。其次，必须具备完全的确

---

①马克思恩格斯全集（第3卷）[M].北京：人民出版社，1960：378.
②[英]哈耶克.通往奴役之路[M].王明毅，冯兴元等译.北京：中国社会科学出版社，2012：103.
③[英]哈耶克.自由宪章[M].杨玉生，冯兴元等译.北京：中国社会科学出版社，2012：330.

定性。这样的法律"并不因为下面的一个事实而发生什么改变，这个事实就是法律的完全的确定性，是我们应该努力去接近但又永远无法完全达到的理想"①。最后，必须具备平等性。也就是说，这样的法律必须要平等地适用于所有人，包括政府，"其目的正是要平等地改善未知的人们的机会"②。

"自由是可以做和可以从事任何不损害他人的事情的权利"③，这是马克思对自由所做的概括阐释。从这一概括足以知晓，马克思自由观中所阐述和强调的自由绝非不受任何限制的为所欲为，他同样非常重视法律对自由的积极功用，"每个人能够不损害他人而进行活动的界限是由法律规定的，正像两块田地之间的界限是由界桩确定的一样"④。马克思把法律对自由作用甚至提高到神圣之境，指出了"法典就是人民自由的圣经"⑤的伟大论断。1842年，深受德皇威廉四世颁布的名为自由、实为专制的"新"书报检查令所害的马克思，先后撰写发表了《评普鲁士最近的书报检查令》和《关于出版自由和公布等级会议记录的辩论》两篇文章，揭露了这一"法令"的伪善工具面目，在此基础上，马克思分析阐述其关于法律与自由的关系的主张。在他心目中，"真正的法律应当把实现人民的民主自由（马克思也称之为'普遍权利'）作为自己的历史使命，而人民则应把法律当成维护和保障自己自由权利的护身法宝"⑥。在把"实现人民的民主自由作为自己的历史使命"的法律之下，人民的自由才能得到真正的保障，这样的法律才能成为保障人民自由的"护身法宝"。可见，马克思很早就已认识到"良性"法律与自由密不可分的重要关系。实质上其所持的自由主张，同样是"法治保障之下的自由"。马克思清楚地认识到，法律限制

---

① [英]哈耶克.自由宪章[M].杨玉生，冯兴元等译.北京：中国社会科学出版社，2012：331.
② [英]哈耶克.自由宪章[M].杨玉生，冯兴元等译.北京：中国社会科学出版社，2012：334.
③ 马克思恩格斯全集（第3卷）[M].北京：人民出版社，2002：183.
④ 马克思恩格斯全集（第3卷）[M].北京：人民出版社，2002：183.
⑤ 马克思恩格斯全集（第1卷）[M].北京：人民出版社，1995：176.
⑥ 孙育玮."法典就是人民自由的圣经"——学习马克思早期法学思想的体会[J].求是学刊，1983（3）：45-50.

自由的目的和意义正是为了更好地实现自由，"法律就是自由的界限、自由的界标、自由的尺度"[①]。因此，马克思指出，法律绝对不是什么压制自由的工具和手段，事实恰好相反，"法律是肯定的、明确的、普遍的规范，在这些规范中自由获得了一种与个人无关的、理论的、不取决于个别人的任性的存在"[②]。

二、哈耶克自由理论与马克思自由观的关键分歧

哈耶克与马克思作为两种不同自由传统的典型代表人物，在自由观上的分歧远远大于内在关联，在国人心目中甚至可谓是"冰炭不同炉，薰莸不同器"。实际上，哈耶克与马克思的关键分歧多数蕴藏于双方自由观的内在关联中。二者的关联，仅仅是哈耶克与马克思自由观在涉及最基础层面的自由主体、自由理据、自由保障等因素方面所给予的一致性关切和重视，至于关切的过程、方式、路径、结论等则分歧巨大。

（一）人类理性的分歧：有限理性与实践理性

有关人类理性能力的"界限"问题，是哈耶克与马克思自由理论的起始性分歧。对人类理性的发掘和弘扬，18世纪的法国启蒙运动功勋卓著，"大概没有哪一个世纪像启蒙世纪那样自始至终地信奉理智的进步的观点……'理性'成了18世纪的汇聚点和中心，它表达了该世纪所追求并为之奋斗的一切，表达了该世纪所取得的一切成就"[③]。自启蒙运动以来，人类的理性被唤醒，理性精神被弘扬，发现理性并运用理性追求自由成为近代西方哲学的一项重要传统，以至后期发展成被哈耶克所称为的"建构理性主义"。"建构理性主义"深受笛卡尔唯理主义影响，将理性视作先验的，并且是衡量一切传统、制度、习俗以及惯例的绝对依据，"所有我

---

①豆星星，谢勇.论马克思法律自由观及其当代价值[J].求实，2012（2）：8-11.
②马克思恩格斯全集（第1卷）[M].北京：人民出版社，1995：176.
③[德]E.卡西勒.启蒙哲学[M].顾伟铭等译.济南：山东人民出版社，1988：3.

有一丝疑问的意见，均应被看作是绝对错误而加以抛弃"①。在建构理性主义下，每个人被视作天生具有一种有意识设计文明的智力和道德能力，由此，人类理性可以帮助人们在追求和实现自由的道路上发挥无限的创造性力量。在哈耶克看来，马克思眼中的理性就属于"建构理性主义"的范畴。

相较马克思，哈耶克在对人类理性的认识上却非常审慎，认为"理性不是万能的，假如相信理性能够成为它自己的主人，并能够控制它自己的发展，便有可能摧毁理性"②。当然，哈耶克也并不提倡否定理性和摒弃理性，他也认为理性是人类最宝贵的财富，只不过不应该夸大理性和滥用理性。因此，哈耶克所主张的对待理性的正确态度应该是有限理性，因为任何人类的理性都无法把左右人类社会行为的全部知识都掌握，也不可能为所有人安排一种生活方式去朝一个共同目标前进。假如人类理性真无所不知、无所不晓，"假如我们真能知道影响我们的实现现时愿望的一切因素，并了解我们将来的需求和愿望，我们就没有理由倡导自由了……我们渴望自由，是因为我们已经学会指望通过自由获得实现我们许多目标的机会"③。因此，正是因为我们的"必然无知"和人类的有限理性，所以我们才需要自由。通过自由，才能创造一种通过我们独立的、竞争性的努力取得一经见到就想拥有的东西的机会。而"理性全能"的建构理性主义却预设存在着一个全知全能人，并假定这个全知全能人完全可以型构一个良好的社会秩序。哈耶克认为，这在很大程度上是一种谬误，它没有认识到人类理性之有限性，人的理性不足以掌握复杂现实的全部知识和全部细节。而且，更为严重的是在实践层面它将导致极权主义，给社会带来巨大灾难。与此同时，对哈耶克人类有限理性的见解，我们还可以从他对理性来源的认识上做一分析。哈耶克认为理性不是人与生俱来的，而是人类文

---

①R.Descartes，A Discourse on Method[M]. London：Penguin Books,1960，Part Ⅳ：26.
②[英]哈耶克.自由宪章[M].杨玉生，冯兴元等译.北京：中国社会科学出版社，2012：105.
③[英]哈耶克.自由宪章[M].杨玉生，冯兴元等译.北京：中国社会科学出版社，2012：53.

明演进的产物，"人的智慧乃时间之子。确定一个令理性动物对于它保持敬畏的观念，建立一个供自己顶礼膜拜的偶像，既非出自哪个人的发明，亦非数载所能办到"①。因此，人类的理性是人们对生活于其间的客观自然和社会环境进行经验调适的一种产物，它无法脱离文化传统与社会制度对它的影响而独立生成和发展。所以，正如我们不能预料二百年之后，乃至二十年之后文明形态一样，人类理性并不具备构思与设计文明之能力。

马克思自由观对待理性的态度与哈耶克则截然不同，马克思眼中的理性是自由的首要前提，理性始终与人类实践活动及其社会历史发展进程内在地胶着在一起。在此，需要强调的是，马克思对理性的肯定区别于将理性视作纯粹理性自我运动的德国古典哲学理性自由观，马克思自由观是对德国古典哲学理性自由观的扬弃。尽管马克思在其文本中没有关于理性的专门论述，但蕴藏于其自由观中的新型理性观渗透于其大量文献中。马克思在对待理性这一问题上，实际上与其实践的观点紧密相连，或者可以讲，马克思自由观中所坚持的理性观就是实践理性。在马克思看来，人类理性首先是实践的理性，是在人类实践活动中形成并在人类实践活动中发展的一种主体性能力。这种能力不似笛卡尔式的"先验"存在，而是人类实践活动的产物，人类"通过实践创造对象世界，即改造无机界，证明了人是有意识的类存在物"②，"有意识的"即人之理性。其次，人类实践也是人类理性的实践。马克思在《1844年经济学哲学手稿》中指出，"动物只是按照它所属的那个种的尺度和需要来构造，而人懂得按照任何一个种的尺度来进行生产，并且懂得处处都把内在的尺度运用于对象"③，马克思所讲的"内在的尺度"实际上就是人这一主体的理性，包括理性化的目的、意图、欲求、价值判断、道德准则等。可见，马克思眼中的理性虽然并非万能，但也并非"无知无能"，而是一种能动的主体性能力。人之所

①[英]哈耶克.哈耶克文选[M].冯克利译.南京：江苏人民出版社，2007：515.

②马克思恩格斯全集（第42卷）[M].北京：人民出版社，1979：96.

③马克思.1844年经济学哲学手稿[M].北京：人民出版社，2000：58.

以区别于动物就在于人的生命活动是有意识、有目的的生命活动。人类理性在人类实现自由的过程中的能动作用，马克思在《〈政治经济学批判〉序言》中阐明，"不是人们的意识决定人们的存在，相反，是人们的社会存在决定人们的意识"[①]；在《德意志意识形态》中则进一步阐明，"意识在任何时候都只能是被意识到了的存在，而人们的存在就是他们的现实生活过程"[②]。一种特殊的"类存在物"："一方面，它必须适应自然才能生存。另一方面，人能够反思自身生存状况并进而改造之，通过自身的活动否定自然对人的外在束缚，超越自身存在的社会环境，人类超越现实存在的能力正是人类意识功能的外化。"[③]"反思自身""否定自然"以及"超越现实存在"等均是人类运用理性追求和实现自由的鲜活实践。

（二）自由秩序的分歧：自发秩序与扬弃自发秩序

自由与秩序是一个辩证统一体：自由建立在秩序基础之上，没有秩序，自由便无从谈起；同样，秩序也是相对自由而生的，没有对自由的规范，秩序也就失去了其存在价值。因此，对自由秩序原理的考察成为马克思与哈耶克自由理论必须面对的议题。对于自由秩序之原理，哈耶克将之区分为两类：一类是自发秩序（the spontaneous order），另一类是建构秩序（the made order）。而哈耶克将其自由理论的自由秩序就归结为在其有限理性认识论基础上的"自发秩序"。自发秩序是哈耶克社会哲学的核心，也是哈耶克的自由理论主线。在哈耶克看来，既然人类的理性是有限理性，那么个体的个别理性就根本不可能全盘了解、全盘掌握全部的各项社会事务，因而任何个人或组织也都不能妄自尊大地试图依据个别心智去对整个社会做出谋划，更不能不切实际、盲目自大地企图重建社会秩序。

---

①马克思恩格斯选集（第2卷）[M]. 北京：人民出版社，1995：32.
②马克思恩格斯选集（第1卷）[M]. 北京：人民出版社，1995：72.
③王力.当代中国语境中的马克思与哈耶克[D].博士学位论文，天津师范大学，2006：84.

亦即言之，哈耶克所倡导的是，我们在安排我们的各项事务的时候，应该尽最大可能减少对强制的依赖和使用，而应该尽最大可能去更多地动用和发挥自发而成的社会力量。这其实与其对自由"免于强制的状态"的界定是一脉相承的，这个"基本原则"同样是个人自由原理的基本原则，同样可以"千变万化"地应用于个人自由的实现中。只有自发秩序才是产生、实现和维护自由的最佳秩序。即使是出于保障和维护人类自由目的的各项自由制度，也"如同自由所造就的所有其他的事物一般，并不是因为人们在先已预见到这些制度所可能产生的益处以后方进行的建构的"①。

　　马克思自由观在自由秩序的认识上则分歧巨大，马克思尽管也意识到了自发秩序的存在，但对于自发秩序对人类自由的作用的认识不同于哈耶克。在马克思看来，自发秩序仅仅是一种过渡性阶段，人类社会必须超越这种自发秩序，才能获得真正的个人与社会自由。至于马克思"超越自发秩序"之后的自由秩序是何种秩序，在哈耶克看来，就是人造秩序。建构秩序，是经组织或安排而源于外部设计的一种人造秩序。当然，在此我们不能不假思索地将哈耶克建构秩序"这顶帽子"扣在马克思自由观头上。实际上，马克思并非一个崇尚"建构秩序"的建构理性主义者，从其《资本论》第一卷序言中的几句即可看出，"社会经济形态的发展是一种自然历史过程"②，然而，"一个社会即使探索到了本身运动的自然规律……它还是既不能跳过也不能用法令取消自然的发展阶段"③。所以，马克思对社会发展规律，也就是对哈耶克眼中的"自发秩序"给予了充分的认同和尊重，而且也没有"建构"这种秩序的企图。只是马克思看到，资本主义主导下的自发秩序，使人们被自己所生产的物质力量所奴役，并未给人以真正的自由。因此，"只要人们还处在自发地形成的社会中，也就是说，只

---

　　①[英]哈耶克.自由秩序原理（上）[M].邓正来译.北京：生活·读书·新知三联书店，1997：61.

　　②马克思恩格斯全集（第23卷）[M].北京：人民出版社，1972：12.

　　③马克思恩格斯全集（第23卷）[M].北京：人民出版社，1972：11.

要私人利益和公共利益之间还有分裂，也就是说，只要分工还不是出于自愿，而是自发的，那末人本身的活动对人说来就成为一种异己的、与他对立的力量，这种力量驱使着人，而不是人驾驭着这种力量"①。所以，马克思得出的结论是，资本主义自发秩序下这种"免于外在强制"的个人的所谓的自由"是被分工所桎梏和物化的个人的自由，同时也是在对立阶级的两极分化的自由"②。因此，自发秩序不能维护和保障个人自由的实现，必须对之加以扬弃。为此，"社会化的人，联合起来的生产者，将合理地调节他们和自然之间的物质交换，把它置于他们的共同控制之下，而不让它作为盲目的力量来统治自己；靠消耗最小的力量，在最无愧于和最适合于他们的人类本性的条件下来进行这种物质变换"③。也就是说，马克思在自由秩序的问题上，主张在社会关系中，充分发挥人类主观能动性去超越自发秩序来实现人的自由。

（三）自由道路的分歧：自由主义与共产主义

对于马克思和哈耶克而言，无论二者对自由秩序原理的论证有多么绵密，但最终要落脚到如何"通往自由之路"这一命题上。两位大思想家孜孜不倦为人类自由终其一生努力探寻，但由于二人所处时代所遭境遇的不同，以及在认识论上存在的分歧，导致了分别以二人为代表的两大自由思想体系在实现自由道路上的截然分野。出生于19世纪的马克思所处的时代正是一个社会秩序混乱的时代，法国启蒙运动引发的理性革命尚未完成，理性的作用正处于鼎盛期，而当时资本主义的自由也确实仅仅只是停留于抽象文字层面的虚幻自由。为此，马克思对自由主义的个人主义做出批判，想通过集体的联合来推翻资本主义制度，进而建立一种适于个人自由发展的新型社会形态，试图将个人与群体矛盾永久化解和消除。而生活

①马克思恩格斯全集（第3卷）[M].北京：人民出版社，1960：37.
②胡余清.马克思与哈耶克自由观之比较[J].广东社会科学，2008（5）：73-76.
③马克思恩格斯全集（第25卷）[M].北京：人民出版社，1974：926-927.

于20世纪的哈耶克所处的时代也不安宁，尽管当时的资本主义制度日臻完善，但极权主义横行给世界带来了巨大灾难，战争侵吞了他的财产、破坏了宁静的生活环境，并使他背井离乡、颠沛流离，占据优势地位的集体主义已严重危及个人自由，这样的经历使他对个人自由的向往和对原有资本主义制度的怀念越发强烈。

不同境遇的差异，使二人对"通往自由之路"的道路体认发生了重大异议。马克思选择了共产主义道路，哈耶克则选择了自由主义道路。在马克思看来，"资本主义制度是一条现实中的奴役之路，它无法兑现革命初期所许诺的自由和民主，由于竞争而导致的优胜劣汰把人类又带入了动物生存状态，它是自由的天敌"①。只有通过社会主义的计划，方可消除资本主义竞争给人之生存带来的诸多不确定性。而且，社会主义的集体主义是实现人的全面自由解放的必然出路，"只有在集体中，个人才能获得全面发展其才能的手段，也就是说，只有在集体中才可能有个人自由"②。所以，马克思试图通过颠覆和推翻资本主义制度来为人类的自由开辟一条消除奴役、剥削和压迫的安逸之路，马克思的这条"通往自由之路"就直接变现为基于暴力革命而"解放"所有被压迫者、最终建立"自由人联合体"的革命解放运动。在马克思的"自由人联合体"中，每一个人都是他人实现自由的手段和依靠，而不是障碍和藩篱。

与马克思相反，哈耶克却认为，社会主义不仅不是"通往自由之路"，而且还是一条"通往奴役之路"。因为，首先社会主义的计划是不可行的，也是行不通的，因为不符合人类理性的有限性。哈耶克坚信，在这个世界上从来没有而且也根本没有一个所谓的无所不晓、无所不能的旷世天才。因此，任何一个人或组织，如果没有经过时间的检验，如果没有得到经验的帮助，就算把同一个时代的所有人捆绑在一起，把他们的所有力量都聚集在一起，都不可能为未知的未来做好所有的一切准备。其次是

①王力.当代中国语境中的马克思与哈耶克[D].博士学位论文，天津师范大学，2006：52.
②马克思恩格斯全集（第3卷）[M].北京：人民出版社，1960：84.

因为社会主义的计划将导致极权，极权是危及自由的根源。哈耶克认为，"都会产生挫败它自身目的的反作用，而且任何试图按照这种计划持之一贯行事的努力也都使中央权力机构采取越来越多的控制措施成为必要之举，直到所有的经济活动都被置于这个中央权力机构的控制之下"①。所以，哈耶克对"通往自由之路"的选择是一条试图通过过程自由达到与结果自由相统一的自由主义道路。在哈耶克自由主义道路的过程中，哈耶克看到，"每个个人都有一个受到承认的私人领域"②，在这个私人领域中，每个个人都不能被强制，只服从一个对所有人都一视同仁适用的规则，这即是在过程自由中的个人自由的实现。对这一"私人领域"来说，"私有财产"是其重要内容。阿克顿勋爵曾有言，"大凡反对私有产权制度的人，根本就不知自由为何物"③，哈耶克深刻认同这一观点，认为"对私有财产和专有财产的承认，是阻止强制的一项基本条件，尽管这绝非是唯一的条件……显而易见，对产权的确认，是界定那个能够保护我们免受强制的私人领域的首要措施"。在其看来，私有财产制度成为自由最重要的保障，保护私有产权成为哈耶克眼中一条重要的"通往自由之路"。

三、哈耶克自由理论内在局限的分析

哈耶克对于英国自由主义传统理念之发掘、自由社会自发秩序原理之阐述，以及由此形成的一系列自由见解，皆显示出了深邃的睿智与洞见。然而，只要我们全盘检视其整个自由理论，尤其是立足于马克思历史唯物主义角度对其自由理论加以检视，仍会发现不少内在局限。

（一）对"人为之设计"的过度贬抑

哈耶克自由理论的体系建构很大程度上立基于"人类理性有限"这样

---

①[英]哈耶克.个人主义与经济秩序[M].邓正来译.北京：生活·读书·新知三联书店，2003：196.
②[英]哈耶克.自由宪章[M].杨玉生，冯兴元等译.北京：中国社会科学出版社，2012：330.
③转引自：[英]哈耶克.自由宪章[M].杨玉生，冯兴元等译.北京：中国社会科学出版社，2012.

一种哲学理论预设，对人类理性采取了批判性态度。一方面，就知识论观点而言，人类理性不可能认识形上之本体；另一方面，就人类文明演进而言，文明之进步绝非人类理性预先设计的结果，而是社会演进过程中自然形成的自发秩序之产物。因此，哈耶克大加拥护和赞赏自然成长之事物，贬抑"人为之设计"。按其思路，既然人类理性有限、无法全知全能，那么凭借人类理性就不足以对人类社会做出全盘设计，故应敬服社会演进过程中自然形成的自发秩序。且不论人类理性究竟能否以及能在多大尺度对人类社会做出一定设计，就事实层面而言，一个不为人全盘设计控制的社会在现实中是否能真实的不存在或避免。正如19世纪美国著名人权领袖道格拉斯在检视现代奴役国家状况时所言，"尽管极权国家将不免逐渐解体，然而却不能不承认此种人为全面设计控制之社会在事实上出现的可能性"①。因此，就这一点而论，既不能用事实上的不可能来否定一个"人为之设计"的社会，也不能据此而否认一个"人为之设计"社会存在的真实性。就连小鸟都能为满足自己生存需要而本能地建筑巢穴，更何况具有思维与理性的人类，人类理性作用于社会、设计社会是不可避免的、客观实在的。唯一能构成否定"人为之设计"社会的可靠论据便是诉诸价值判断，即对此种社会的不合理之处依据某种价值判断加以批判，从而否定"人为之设计"的社会。在哈耶克自由理论中，自由显然是其最高价值，因此其依据自由价值来批判此种社会当然没有问题，但仅凭哈耶克外在的消极自由观的自由价值尚不足以完成批判"人为之设计"的重任，还需要将其自由概念与道德、人性价值加以衔接。然而，尽管哈耶克看到了康德"将人视为目的而非手段"的可贵性，可并未多加深入与进一步发挥。在事实层面和价值层面两方面论据均不充分的情况下，就极力否定"人为之设计"，显得有些牵强。

---

①Jack D. Douglas, The Road to Modernist Slavery, in Leube & Zlabiger（eds.）, op. cit., pp.116-117.

（二）对国家侵犯自由的过度忧虑

沿着贬抑"人为之设计"的预设通道，出于对个人自由的维护与保障，哈耶克同样反对和贬抑国家或政府干预。20世纪二三十年代，经济大萧条席卷西方资本主义国家。之后，自由放任的市场经济逐渐融入了政府的积极干预，有效扭转了经济大萧条局面。尝到甜头的西方资本主义国家从此不断加大宏观调控力度，这与哈耶克自发秩序的主张发生严重背离，再对照当时以政府干预为主要特征的极权主义国家对个人自由侵蚀的现实，哈耶克警惕地认为，国家或政府干预将会使作为市场主体的企业的自由程度受到限制，将会使国家或政府权力无限膨胀，从而使个人自由尤其是人身自由化为泡影，人类最终被迫走向一条"通往奴役之路"。极权社会、极权国家的确存在残酷罪恶的侵犯自由的状况，但哈耶克在此处忽略了不同政治体系下不同国家的不同情况，如在民主制度体系下的国家、君主制度体系下的国家，抑或共产制度体系下的国家，难道都会产生同样侵犯自由的结果吗？答案不言而喻。国家是什么？英国著名经济学家、历史学家托尼教授指出，国家只是一个工具而已。对于这一工具，"愚笨的人可能为愚笨的目的运用它；罪恶的人可能为罪恶的目的运用它；然而，明智而可敬的人，亦同样可以基于明智与可敬的目的运用它"[①]。很明显，不同政治体系下的国家或政府干预对侵犯自由的可能性结果是不尽相同的。哈耶克贬抑"人为之设计"并据此衡量人类社会政治经济体系，造成他不加区分地否认国家或政府干预的积极功用，进而片面地形成了其对国家或政府干预侵犯自由可能性的过度忧虑。

（三）对"超立法原理"的过度信赖

哈耶克自由理论尽管主张个人自由乃是不受他人专断意志强制的一种

---

①R. H. Tawney, English Politics Today: We Mean Freedom, The Review of Politics, Vol. 8, No.（April, 1946）,p.236.

状态，但也并非赞成无约束的无限自由。而这种约束只能来自法律，是"法律之下的自由"。为此，要确保能够保障和实现自由的法律必须是法治之法或自由的法律。如何确保？哈耶克将之设定为必须具备普遍性和抽象性，也就是说，必须要合乎"超立法原理"或法后规律。哈耶克自由理论的另一内在缺陷便在此处产生，即由谁来认定法律是否合乎"超立法原理"。对此难题，哈耶克诉诸两个机构并对其赋予了无限的信任：一个是立法议会；另一个是宪法法院。他认为，通过这两个机构就能确保实现自由的法律合乎"超立法原理"。其一，从立法层面，哈耶克寄希望于一个纯粹的立法机关，即立法议会，这个机关能够本着诚正、刚直和智能的判断来制定人民正当行为之普遍性规则。但问题是，在现实政治生活中这样一个超然的立法机关是否能真实出现或存在，着实值得商榷。其二，从司法层面，哈耶克寄希望于一个纯粹的司法机关，即宪法法院，这个机关在两个或多个立法机关发生争执时，以一种超然的司法姿态来行使其仲裁职能。如此，就能确保法律合乎"超立法原理"。但同样的问题是，在现实政治生活中这样一个超然的司法机关是否也能真实出现或存在？就以被哈耶克视为超然司法机关的美国最高法院为例，最高法院的法官是由美国总统提名，就这一点即已难逃政治色彩，更何谈司法超然？哈耶克理想化设计的超然立法议会和超然司法宪法法院在现实政治生活中的虚无，必然导致其"法律之下的自由"这一核心自由理论主张在实践运行中的落空。

四、哈耶克自由理论于新时代中国特色社会主义事业的借鉴启示

纵然哈耶克自由理论有诸多难以克服的内在缺陷，但蕴含在"缺陷"中的许多自由思想仍不失其前瞻性、进步性与深邃性，至今仍闪耀着自由智慧之光。中国自20世纪90年代以来，随着冷战的结束，世界一体化进程快速推进，中国改革开放不断深入的步伐也进一步把中国推向世界，中国汇入世界大潮已然不可避免，也无法阻挡。在世界大潮中，有两股极为显

眼而强劲的潮流"你中有我，我中有你"地不断发生碰撞、对话和交流：一股是西方的自由主义；另一股就是东方的社会主义。那么，曾经在意识形态中"水火不容"的两大思想体系缘何在今天能够实现对话？一个根本原因在于二者的分歧点主要在于实现自由之手段，而非实现自由之目的。哈耶克自由理论谋求个人自由，马克思自由观同样聚焦个人的自由和全面发展。正是二者存在着终极价值和目的的共鸣与共情，才使得两大思想体系的对话成为可能，从而也才能使我们立足马克思自由观视域对哈耶克自由理论于新时代中国特色社会主义事业的借鉴启示的探讨成为可能。

（一）进一步处理好政府与市场的关系

计划与市场的关系问题可以说是社会主义与自由主义曾经一度争论的焦点，甚至在国人心目中也一度形成"计划就是社会主义，市场就是资本主义"机械的教条主义认识。直到1992年邓小平同志的南方谈话，才把国人的思维空间打开，大家逐渐认识到计划与市场都只是发展经济的手段而已。改革开放之后，随着社会主义市场经济体制的逐步建立与发展，"计划与市场"的关系问题淡出人们视线，被"政府与市场"的关系问题所取代。也就是说，在经济社会发展过程中，政府与市场到底该扮演何种角色、如何扮演好各自角色以及如何发挥好各自功能。社会主义市场经济的基本运行原则就是尊重市场规律，让市场在资源配置中充分发挥作用，但同时也非常重视政府作用。对此，党的十八届三中全会给出了更为明确的界定：让市场在资源配置中起决定性作用和更好发挥政府作用。这为新时代进一步完善社会主义市场经济体制提供了一个坚实的理论和政策支撑。

尽管中国特色社会主义市场经济体制经过多年实践和发展取得了巨大成就，显示出了支撑一个国家经济社会发展的经济层面的巨大制度优势，然而，受历史、传统、文化、习惯以及利益等因素的制约和影响，今日之社会主义市场经济体制仍然暴露出诸多不适应全面现代化要求的新问题，有待完善空间仍然巨大。而抛开纷繁复杂的问题表象，归根到底的问题症结仍然是政府与市场的关系问题，市场活力仍然没有完全释放，政府职能仍然存在"越位"与"缺位"并存的局面。

对于政府与市场的关系问题，哈耶克在对其最重要的自生自发秩序——市场秩序的有关阐释中做过深刻论述。在哈耶克看来，在市场中，生产者与消费者根据自己所拥有的资源，在价格导向下自愿订立合同进而进行产品或服务交换，这就是市场秩序。市场秩序是无数市场参与者交互作用之产物，绝非理性个人或计划机构所能选择和设计之。经由市场秩序，"市场的道德规则使我们惠及他人，不是因为我们愿意这样做，而是因为它让我们按照正好可以造成这种结果的方式采取行动。扩展秩序以一种单凭良好的愿望无法做到的方式，弥补了个人的无知，因而确实使我们的努力产生了利他主义的结果"①。所以哈耶克认为，"放弃市场竞争和价格机制，用中央计划和政府行政手段干预经济过程和进行资源配置，不但会在经济上导致像诗人荷尔德林所描述的那样'用通向天堂的美好愿望来铺设一个国家通向地狱之路'，而且必定会在政治上走向一条通向奴役之路"②。尽管哈耶克是立足于批判社会主义而得出的对市场经济的判断，但有一点值得注意的，即其提到的市场竞争与价格机制，虽然出自自由主义思想，但于我们今天的社会主义市场经济而言是必不可少的。当然，哈耶克并非主张"无政府主义"的放任自流，放任自由在他心目中是对自由和法治最大的危害，他对于政府的作用有着稳慎的见解。在哈耶克看来，政府的作用从根本上来讲，就是"在政府自己遵守预先制定的法律框架下制定并通过法律来管理和治理社会"③。因为在市场中，"竞争要得以运行，不仅需要组织起来某些足够的建制，……而且尤其依赖一种适当的法律制度的存在，这种法律制度的目的在于既要维系竞争，又使竞争尽可能有利

---

①[英]哈耶克.致命的自负[M].冯克利，胡晋华等译.北京：中国社会科学出版社，2009：91.

②[英]哈耶克.通往奴役之路[M].王明毅，冯兴元等译.北京：中国社会科学出版社，1997：11.

③[英]哈耶克.通往奴役之路[M].王明毅，冯兴元等译.北京：中国社会科学出版社，1997：16-17.

地发挥作用"①。在政府作用的具体层面，哈耶克认为政府在个人无能为力的领域可以发挥作用，如"凡是能够减轻个人既无法防范又不能对其后果预作准备的灾祸的公共行动，都无疑是应当采取的"②。哈耶克有关市场与政府关系的思想对我们今天进一步完善社会主义市场经济体制具有巨大的启发价值。

（二）完善产权制度和要素市场化配置

中共中央和国务院于2020年5月联合出台的《关于新时代加快完善社会主义市场经济体制的意见》指出，要"建设高标准市场体系，全面完善产权、市场准入、公平竞争等制度，筑牢社会主义市场经济有效运行的体制基础"③。足以看出，国家对建设高水平社会主义市场经济体制的坚定决心和不懈努力。在建设高水平社会主义市场经济体制的具体要求上，有两点值得注意：一是要全面完善产权制度，"健全归属清晰、权责明确、保护严格、流转顺畅的现代产权制度"④；二是要推动要素价格市场化改革，"健全主要由市场决定价格的机制，最大限度减少政府对价格形成的不当干预"⑤。"产权"和"价格"可以说是发端于自由主义的市场经济的两大核心要素，中央能在完善社会主义市场体制中从这两项要素"入手"，不仅将社会主义市场经济推向了深入，更体现出中国共产党善于吸收人类文明精华以完善和强大自身的马克思主义品格精髓。马克思主义的品格精髓就在于，它"绝不是离开世界文明发展大道而产生的一种固步自封、僵化不变的学说。恰恰相反，马克思的全部天才正是在于他回答了人类先进思

①[英]哈耶克.通往奴役之路[M].王明毅，冯兴元等译.北京：中国社会科学出版社，1997：17.
②[英]哈耶克.通往奴役之路[M].王明毅，冯兴元等译.北京：中国社会科学出版社，1997：140.
③中共中央国务院关于新时代加快完善社会主义市场经济体制的意见[M].北京：人民出版社，2020.
④中共中央国务院关于新时代加快完善社会主义市场经济体制的意见[M].北京：人民出版社，2020.
⑤中共中央国务院关于新时代加快完善社会主义市场经济体制的意见[M].北京：人民出版社，2020.

想已经提出的种种问题"①。

哈耶克将保障和实现个人自由的终极途径诉诸产权保护。他认为，"私有财产制度是自由的最重要的保障，这不仅对有产者来说是这样，而且对无产者来说一点也不少。只是由于生产资料掌握在许许多多的独立行动的人的手里，才没有人有控制我们的全权，我们方能以个人的身份来决定做我们要做的事情。如果所有的生产资料都掌控在一个人手中，不管这在名义上是属于整个'社会'的，还是属于一个独裁者的，谁行使这个管理权，谁就有全权控制我们"②。对于市场经济下产权保护的重要性，在哈耶克看来，"只要我们能够自由地处置我们的收入和我们所有的财产，经济上的损失永远只能使我们失去我们所能满足的那些欲望中我们认为最不重要的欲望"③。显然，哈耶克是站在保护个人自由、维护资本主义私人所有制立场上提出的保护产权的主张。但是撇开立场不谈，产权的确是市场经济的一大核心要素。而且，"私有财产制度是自由的根本保障，这一点早就为马克思本人所认识"④。只不过马克思看到私有财产制度是少部分"有产者"自由的根本保障，而不是每一个人尤其是"无产者"自由的根本保障，所以马克思才希望消除这个制度以实现所有人的自由平等。今天在我国向更高层次、更高标准的高水平社会主义市场经济迈进的道路上，没有市场主体活力的激发和调动是绝对不可能实现的。通过完善产权制度保护私有产权来激活市场主体的积极性，对新时代社会主义中国同样至关重要。

市场经济另一大核心要素就是价格。哈耶克对社会主义批判的一个重要靶心就是社会主义对价格的计算。哈耶克认为，社会主义经济下存在的资源使用效率低下、消费品短缺、产品价格脱钩需求状况等弊端与缺陷，

---

① 列宁选集（第2卷）[M].北京：人民出版社，2012：309.

② F.A.Hayek, The Road to Serfdom[M]. Chicago: The University of Chicago Press, 1944/2007, p.136.

③ [英]哈耶克.通往奴役之路[M].王明毅，冯兴元等译.北京：中国社会科学出版社，1997：110.

④ [英]哈耶克.通往奴役之路[M].王明毅，冯兴元等译.北京：中国社会科学出版社，1997：12.

归根到底是社会主义价格体系缺失造成的。在市场经济条件下，一套正常的价格体系是经济状况的晴雨表，"任何单项价格发生的几乎每一点变化都会使成百上千项其他价格的变化成为必要，而且这些其他价格发生的大多数变化也绝不是按比例发生的，而是受不同程度的需求弹性的影响，也就是受替代的各种可能性和生产方法的各种其他变化影响的"①。哈耶克认为，受制于中央计划的价格就无法供给有效经济信息，中央计划的理性计算因此丧失了可靠依据，通过如此做出的计划去干预和调整经济中的细微变化的做法，其效益可想而知。诚然，哈耶克这是出于对教条式的社会主义计划所做出的批判，而对今天中国特色的社会主义市场经济而言，其批判指向性对象已不复存在，但对于在社会主义市场经济中政府及个别官员过多插手干预市场价格和"与民争利"的行为倒是一个较好的警示。特别是在社会主义市场经济条件下，将国有企业及其产品的价格体系向市场化改革推进，这也是高水平社会主义市场经济体制的一项重要内容。

（三）规范约束政府权力建成法治政府

党的十九大明确指出，"从二〇二〇年到二〇三五年，在全面建成小康社会的基础上，再奋斗十五年，基本实现社会主义现代化。到那时……法治国家、法治政府、法治社会基本建成……"②。富有中国特色的社会主义法治建设新征途已然全面开启，法治国家、法治政府以及法治社会的建设实践也将成为坚持和完善中国特色社会主义制度进而推进国家治理现代化的重要载体。法治国家、法治政府、法治社会这三个层面相辅相成，相互依托：法治国家是目标，法治政府是主体，法治社会是基础，三者共同构成法治中国建设的三大支柱。由于我国各级政府和人民群众接触最多，

---

①[英]哈耶克.个人主义与经济秩序[M].邓正来译.北京：生活·读书·新知三联书店，2003：229.

②习近平.决胜全面建成小康社会 夺取新时代中国特色社会主义伟大胜利——在中国共产党第十九次全国代表大会上的报告[M].北京：人民出版社，2017.

给人民群众带来的公平正义感受也最直接，一个国家"法治不法治"，很多时候人民群众是通过对政府的直观印象来做出评判的。因此，在"三位一体"法治中国建设中，法治政府建设是重中之重。"各级政府是否依宪施政、依法行政，各级领导干部和政府工作人员能不能带头尊法学法守法用法，直接影响人民群众的法治信仰和行为选择，直接决定法治社会建设的速度和成效"①。显然，在法治中国建设中，要求政府首先就要带头"尊法学法守法用法"已成为共识，实际上，这是对"法治中国建设"这一主题认识上的一次质的飞跃，也使中国特色社会主义法治道路朝着"法治精神"的实质更加趋近了一步。

法治精神的实质，就是要求摆脱权治，实现"当权者"或政府的尊法守法。法治的治理对象是"当权者"或政府，治理凭借的手段是法律。"当权者"或政府自己"逍遥法外"却要求治理对象要尊法守法，否则就依法处置，这种对法治的传统认识和理解是不符合法治精神的。依照如此解释而产生的政府及其治理行为是对个人自由的侵蚀，是对法治精神的亵渎。实际上，哈耶克早在20世纪三四十年代在对法治与自由关系的论述中就阐明了法治的真实要义，"撇开所有的技术细节不论，法治的意思就是指政府在一切行动中均受到事前规定并宣布的规则约束——这种规则使得一切个人有可能确定地预见到当权者在特定情况中会如何使用其强制权力，并据此知识来规划自己的个人事务"②。在哈耶克看来，真正的法治并非单纯地意指当权者或政府运用法律来治理国家和社会，即"rule by law"③，真正意义上的法治首先而且必定是当权者或政府先做到对法律的遵守。换言之，"法治首先就意味着政府本身和任何公民一样要受预先制定的法律规则尤其是宪法所约束"④，即我们所说的"the rule of law"。而

---

①袁曙宏.坚持法治国家、法治政府、法治社会一体建设[N].人民日报，2020-4-21.

②F.A.Hayek，The Road to Serfdom[M].Chicago：The University of Chicago Press，1944/2007，p.112.

③[英]哈耶克.通往奴役之路[M].王明毅，冯兴元等译.北京：中国社会科学出版社，1997：15.

④[英]哈耶克.通往奴役之路[M].王明毅，冯兴元等译.北京：中国社会科学出版社，1997：15.

哈耶克所主张并倡导的"The rule of law"正是我们今天法治政府建设的精神要旨,也真正契合了"法律面前人人平等",此中的"人人"既包括每个个人,也包括政府或当权者。

法治的对立面是"权治",建设法治政府就要从规范约束政府权力入手。规范约束政府权力也是哈耶克自由理论中关于法治之下自由的基本观点,"如果一个人不需要服从任何人而只服从法律,他就是自由的"①,实际上这正是西方古典自由主义主张的"限制政府的权力以保障人民的自由"的传统观点。"由于法治意味着政府除非实施众所周知的规则以外不得对个人实行强制,所以它构成了对政府机构的一切权力的限制"②。也就是说,从保障个人自由角度讲,政府手中的权力服从和服务于保障个人自由,除此之外,不得随意行使。尽管这一学说源自一位自由主义思想家,但于今天我国法治政府建设、政府权力行使逻辑重塑均启示巨大。回观我国政府现实权力运行及法治状况,多少有点不尽如人意,尽管全面依法治国布局多年,各级政府及其官员法治观念提升明显,法治政府建设成效显著,但仍有个别政府及其官员权力行使缺乏规范和约束,太过任性。政府及其官员行使权力的过程也是执行法规的过程,这就意味着政府及其官员权力之脚每迈出一步,都应有相应法律依据,依法行政、规范执法,这是现代法治国家的普遍共识。然而,个别政府及其官员权力有时仍凌驾于法律之上,甚至忽视、蔑视和藐视法律。权力一旦失去法律约束就如同脱缰之野马,会一发不可收拾,权力腐败、寻租、膨胀、滥用是必然之果。党的十八大以来,在党中央全面从严治党的坚定决心下揪出的众多"老虎"和"苍蝇",没有一个不是权力失控的"受害者"。因此,在法治中国建设中,法治政府建设依然任重道远。尽管我们已领悟到了法治的精神实

①F.A.Hayek, The Road to Serfdom[M].Chicago:The University of Chicago Press, 1944/2007, pp.118-119.

②F.A.Hayek, The Constitution of Liberty[M].Chicago:The University of Chicago Press, 1960, p.205.

质，步入了法治政府建设的现代化轨道，但仍需探索更多行之有效的政府权力管控之策，为早日建成法治国家、法治政府、法治社会一道共同不懈努力。

结　语

　　无论是马克思的自由观，还是哈耶克的自由理论，均是人类自由思想史上耀眼的璀璨明珠。两位思想家为了人类自由孜孜不倦探索终身，虽然都已离我们远去，但留给后人的思想遗产却世代永存，他们为了人类自由敢"冒天下之大不韪"勇于揭露和批判现实的献身精神为后人所永远铭记。我国是以马克思主义为指导的社会主义国家，而哈耶克自由理论则在相当程度上是源出于哈耶克对社会主义的批判。那么，立足于马克思自由观视域对哈耶克自由理论进行研究，将这么两位冰炭不容的"冤家"放在一起的做法似乎有点不可思议。其实，这正是本书的研究价值所在。当今世界，全球化大潮已经不可而且也无法逆转，社会主义中国融入世界的步伐也势不可挡。各个国家"你中有我，我中有你"，相互依存度不断提升，独善其身的时代一去不复返，蝴蝶效应的原理正在现实中蔓延。在这样一种大背景下，中国社会各方面已与世界接轨，但社会构成中的思想文化却永远不可能谈什么接轨。因此，全球化趋势只能带来更多思想文化的碰撞与交流，社会主义与自由主义两大思想体系的"相遇"自然也是不可避免。

　　纵观人类思想史的发展，不同思想体系在不同程度的对立与对话中寻求和实现理论升华，已成为人类思想进步的一条有效进路。如今中国改革开放的大门继续以更大幅度的姿态对外敞开，社会主义市场经济也在这种开放中走向更加深入的发展，经济实践之路是一再创新。创新的实践需要有创新的理论，高水平社会主义市场经济体制需要有高水平理论滋养。将哈耶克自由理论置于马克思自由观视域加以研究，正是期待在这种学术对话中碰撞出能"为我所用"的有益思想，从而实现马克思主义在新时代条件下的理论创新。当然，此处并非意指马克思主义已过时，而是正如恩格斯所言，"每一个时代的理论思维，从而我们时代的理论思维，都是一种历史的产物，它在不同的时代具有完全不同的形式，同时具有完全不同的内容"①。向来有着与时俱进品质的马克思主义同样要以新时代中国特色社会主义建设实践为背景、以全球化浪潮为机遇，积极整合世界各种优秀思想文化资源，在吸收人类文明精华、全面审视当代人类文明走向与各民族发展态势中实现理论创新。与此同时，全面建设社会主义现代化的新时代实践也急需不断创新的马克思主义作为理论支撑。作为支撑20世纪社会主义和资本主义两大社会制度的主流意识形态——马克思主义与自由主义，其实都经历了理论与实践的互动发展历程。而且，西方资本主义已经取得的成就，向我们呈现了一个客观的事实：自由主义思想的存在有其合理性。因此，在中国特色社会主义市场经济迈向高水平建设与发展的今天，我们势必要对成功支撑起资本主义发展的自由主义思想体系加以关注和研究，展开马克思主义与自由主义的对话。本书以马克思自由观的立场看待哈耶克自由理论，就是这样的一种尝试，以期在捍卫马克思主义的基本立场上，通过汲取哈耶克自由理论中的有益思想养分为马克思主义理论创新寻求思想资源，也为在新时代条件下"坚持和完善中国特色社会主义制度、推进国家治理体系和治理能力现代化"②、早日实现中华民族伟大复兴的中国梦的伟大实践创新建构理论支撑。

---

①马克思恩格斯选集（第4卷）[M].北京：人民出版社，1995：284.

②中共中央关于坚持和完善中国特色社会主义制度、推进国家治理体系和治理能力现代化若干重大问题的决定[M].北京：人民出版社，2019.

参考文献

著作类

[1] 马克思恩格斯文集：第3卷[M]. 北京：人民出版社，2009.

[2] 马克思恩格斯文集：第7卷[M]. 北京：人民出版社，2009.

[3] 马克思恩格斯文集：第8卷[M]. 北京：人民出版社，2009.

[4] 马克思恩格斯全集：第1卷[M]. 北京：人民出版社，1995.

[5] 马克思恩格斯全集：第3卷[M]. 北京：人民出版社，2002.

[6] 马克思恩格斯全集：第18卷[M]. 北京：人民出版社，1964.

[7] 马克思恩格斯全集：第23卷[M]. 北京：人民出版社，1972.

[8] 马克思恩格斯全集：第25卷[M]. 北京：人民出版社，1974.

[9] 马克思恩格斯全集；第27卷[M]. 北京：人民出版社，1972.

[10] 马克思恩格斯全集：第30卷[M]. 北京：人民出版社，1995.

[11] 马克思恩格斯全集：第40卷[M]. 北京：人民出版社，1982.

[12] 马克思恩格斯全集：第42卷[M]. 北京：人民出版社，1979.

[13] 马克思恩格斯全集：第46卷[M]. 北京：人民出版社，2003.

[14] 马克思恩格斯全集：第48卷[M]. 北京：人民出版社，1985.

[15] 马克思恩格斯选集：第1卷[M]. 北京：人民出版社，2012.

[16] 马克思恩格斯选集：第2卷[M]. 北京：人民出版社，1995.

[17] 马克思恩格斯选集：第3卷[M]. 北京：人民出版社，1995.

[18] 马克思恩格斯选集：第4卷[M]. 北京：人民出版社，1995.

[19] [德] 马克思.1844年经济学哲学手稿[M]. 北京：人民出版社，2000.

[20] [德] 马克思. 资本论：第1卷[M]. 郭大力，王亚南，译. 上海：上海三联书店，2009.

[21] [德] 马克思，恩格斯.德意志意识形态（节选本）[M]. 北京：人民出版社，2019.

[22] [德] 恩格斯.反杜林论[M]. 北京：人民出版社，1970.

[23] [德] 马克思，恩格斯.共产党宣言[M]. 北京：人民出版社，2015.

[24] 列宁选集：第2卷[M] . 北京：人民出版社，2012.

[25] [美] 弗洛姆.马克思关于人的研究[A]. 复旦大学哲学系现代西方哲学研究室，编译.西方学者论《1844年经济学哲学手稿》[M]. 上海：复旦大学出版社，1983.

[26] [美] 雷娅·杜娜叶夫斯卡娅. 马克思主义与自由[M]. 傅小平，译. 沈阳：辽宁教育出版社，1998.

[27] [英] 伯尔基.马克思主义的起源[M]. 伍庆，王文扬，译. 上海：华东师范大学出版社，2007.

[28] [美] 古尔德. 马克思的社会本体论：马克思社会实在理论中的个性和共同体[M]. 王虎学，译.北京：北京师范大学出版社，2009.

[29] 马克思恩格斯列宁斯大林毛泽东论人权[M]. 北京：中共中央党校出版社，1992.

[30] [英] 特里·伊格尔顿. 马克思为什么是对的[M]. 李杨，任文科，郑义，译. 北京：新星出版社，2011.

[31] [德] 黑格尔. 历史哲学[M]. 王造时，译. 上海：上海书店，1999.

[32] [德] 黑格尔. 哲学史讲演录：第1卷[M]. 贺麟，王太庆，译. 北京：商务印书馆，1959.

[33] [德] 康德. 历史理性批判文集[M]. 何兆武，译. 北京：商务印书馆，1996.

[34] [德] 康德. 纯粹理性批判[M]. 邓晓芒，译. 北京：人民出版社，2004.

[35] [德] 施蒂纳. 唯一者及其所有物[M]. 金海民，译. 北京：商务印书馆，

1989.

[36] 李大钊文集[M]. 北京：人民出版社，1984.

[37] 习近平. 在纪念马克思诞辰200周年大会上的讲话[M]. 人民出版社，
2018.

[38] 陈刚. 马克思的自由观[M]. 郑州：河南人民出版社，1996 .

[39] 韩庆祥，亢安毅. 马克思所开辟的道路：人的全面发展研究[M]. 北京：
人民出版社，2005.

[40] 李金霞. 马克思自由时间理论[M]. 北京：当代世界出版社，2011.

[41] 张剑抒. 马克思自由思想及其当代境遇[M]. 北京：群言出版社，2008.

[42] 张成山. 历史与自由：现代性视野中马克思自由观的哲学反思[M]. 北
京：清华大学出版社，2014.

[43] 杨建毅. 自由的认识与实践：马克思主义自由观及其当代意义[M]. 兰
州：甘肃人民出版社，2008.

[44] 谭培文，陈新夏，吕世荣. 马克思主义经典著作选编与选读[M]. 北京：
人民出版社，2010.

[45] [英] 哈耶克. 自由秩序原理：上、下 [M]. 邓正来，译.北京：生活·读
书·新知三联书店，1997.

[46] [英] 哈耶克. 法律、立法与自由（三卷本）[M]. 邓正来，等，译. 北
京：中国大百科全书出版社，2000.

[47] [英] 哈耶克. 科学的反革命：理性滥用之研究[M]. 冯克利，译. 南京：
译林出版社，2003.

[48] [英] 哈耶克. 经济、科学与政治：哈耶克思想精粹[M]. 冯克利，译. 南
京：江苏人民出版社，2000.

[49] [英] 哈耶克. 个人主义与经济秩序[M]. 贾湛，等，译. 北京：北京经济
学院出版社，1991.

[50] [英] 哈耶克. 个人主义与经济秩序[M]. 邓正来，译. 北京：生活·读
书·新知三联书店，2003.

[51] [英] 哈耶克. 哈耶克文选[M]. 冯克利，译. 南京：江苏人民出版社，2007.

[52] [英] 哈耶克. 不幸的观念：社会主义的谬误[M]. 刘戟锋，译. 北京：东方出版社，1991.

[53] [英] 哈耶克. 通往奴役之路[M]. 王明毅，冯兴元，等，译. 北京：中国社会科学出版社，2012.

[54] [英] 哈耶克. 自由宪章[M]. 杨玉生，冯兴元，等，译. 北京：中国社会科学出版社，2012.

[55] [英] 哈耶克. 致命的自负[M]. 冯克利，胡晋华，等，译. 北京：中国社会科学出版社，2009.

[56] [奥地利] 恩斯特·马赫. 感觉的分析[M]. 洪谦，唐钺，梁志学，译. 北京：商务印书馆，1986.

[57] [奥地利] 路德维希·冯·米瑟斯. 自由与繁荣的国度[M]. 韩光明，译. 北京：中国社会科学出版社，1995.

[58] [波兰] 沃拉德斯拉维·塔塔科维兹. 古代美学[M]. 杨力，译. 北京：中国社会科学出版社，1990.

[59] [德] E.卡西勒. 启蒙哲学[M]. 顾伟铭，等，译. 济南：山东人民出版社，1988.

[60] [法] 托克维尔. 论美国的民主：下卷[M]. 董果良，译. 北京：商务印书馆，1997.

[61] [荷兰] 伯纳德·曼德维尔. 蜜蜂的寓言：私人的恶德，公众的利益[M]. 肖聿，译. 北京：中国社会科学出版社，2002.

[62] [英] 泽格蒙特·鲍曼. 自由[M]. 杨光，蒋焕新，译. 长春：吉林人民出版社，2005.

[63] [英] 杰弗里·亚历山大. 社会学二十讲[M]. 贾春增，等，译. 北京：华夏出版社，2000.

[64] [英] 洛克. 政府论：下[M]. 北京：商务印书馆，1964.

[65] [英] 约翰·密尔. 论自由[M]. 许宝骙, 译. 北京: 商务印书馆, 1959.

[66] [英] 凯恩斯. 就业利息和货币通论[M]. 高鸿业, 译. 北京: 商务印书馆, 1997.

[67] [英] 以赛亚·伯林. 自由论[M]. 胡传胜, 译. 南京: 译林出版社, 2003.

[68] [英] 亚当·斯密. 国民财富的性质和原因的研究: 上卷[M]. 郭大力, 王亚南, 译. 北京: 商务印书馆, 1972.

[69] [英] 亚当·斯密. 道德情操论[M]. 蒋自强, 等, 译. 北京: 商务印书馆, 2009.

[70] [英] 大卫·休谟. 人性论[M]. 关文运, 译. 北京: 商务印书馆, 1980.

[71] [英] 卡尔·波普尔. 开放社会及其敌人: 第2卷[M]. 陆衡, 等, 译. 北京: 中国社会科学出版社, 1999.

[72] [英] 霍布斯. 利维坦[M]. 黎思复, 黎廷弼, 译. 北京: 商务印书馆, 1985.

[73] [英] 弗朗西斯·培根. 培根论人生[M]. 何新, 译. 上海: 上海人民出版社, 1983.

[74] [英] 阿兰·艾伯斯坦. 哈耶克传[M]. 秋风, 译. 北京: 中国社会科学出版社, 2003.

[75] [英] 安德鲁·甘布尔. 自由的铁笼: 哈耶克传[M]. 王晓东, 朱之江, 译. 南京: 江苏人民出版社, 2002.

[76] [美] 布鲁斯·考德威尔. 哈耶克评传[M]. 冯克利, 译. 北京: 商务印书馆, 2007.

[77] [美] 拉齐恩·萨丽. 哈耶克与古典自由主义[M]. 秋风, 译. 贵阳: 贵州人民出版社, 2003.

[78] [日] 河合荣治郎. 自由主义的历史与理论[M]. 高叔康, 译. 台北: 中华文化, 1955.

[79] 汪子嵩, 范明生, 陈村富等. 希腊哲学史: 第2卷[M]. 北京: 人民出版社, 1993.

[80] 邓正来. 规则·秩序·无知：关于哈耶克自由主义的研究[M]. 北京：生活·读书·新知三联书店，2004.

[81] 邓正来. 哈耶克读本[M]. 北京：北京大学出版社，2010.

[82] 邓正来. 自由与秩序：哈耶克社会理论的研究[M]. 南昌：江西教育出版社，1998.

[83] 邓正来. 哈耶克法律哲学的研究[M]. 北京：法律出版社，2004.

[84] 邓正来. 哈耶克社会理论研究[M]. 上海：复旦大学出版社，2009.

[85] 何信全. 哈耶克自由理论研究[M]. 北京：北京大学出版社，2004.

[86] 高全喜. 法律秩序与自由正义：哈耶克的法律与宪政思想[M]. 北京：北京大学出版社，2006.

[87] 胡寄窗. 西方经济学说史[M]. 上海：立信会计出版社，1991.

[88] 林毓生. 中国传统的创造性转化[M]. 北京：生活·读书·新知三联书店，1988.

[89] 李强. 自由主义[M]. 北京：中国社会科学出版社，1998.

[90] 秋风. 漫说哈耶克[M]. 北京：中信出版社，2013.

[91] 尚新力. 论亚当·斯密[M]. 北京：中央编译出版社，2014.

[92] 孙振青. 康德的批判哲学[M]. 台北：黎明文化公司，1984.

[93] 韦森. 重读哈耶克[M]. 北京：中信出版社，2014.

[94] 俞吾金. 实践与自由[M]. 武汉：武汉大学出版社，2010.

[95] 周德伟. 周德伟论哈耶克[M]. 北京：北京大学出版社，2005.

[96] 殷海光. 思想与方法[M]. 上海：上海三联书店，2004.

[97] 中共中央国务院关于新时代加快完善社会主义市场经济体制的意见[M]. 北京：人民出版社，2020.

[98] 习近平. 决胜全面建成小康社会　夺取新时代中国特色社会主义伟大胜利：在中国共产党第十九次全国代表大会上的报告[M]. 北京：人民出版社，2017.

[99] 中共中央关于坚持和完善中国特色社会主义制度、推进国家治理体系

和治理能力现代化若干重大问题的决定[M].北京：人民出版社，2019.

中文期刊类

[1] [波兰] A.瓦里斯基. 论马克思的自由概念[J]. 顾伟铭，译. 哲学译丛，1983（1）.

[2] 白刚. 马克思的"自由三部曲"[J]. 山东社会科学，2018（2）.

[3] 陈刚. 近代欧洲哲学史上的自由观：马克思对传统自由观的扬弃与超越[J]. 学海，1992（3）.

[4] 陈湘文. 自觉自由是人类自由的前景：哈耶克自由观之批判[J]. 中共南京市委党校南京市行政学院学报，2007（4）.

[5] 邓振军. 在社会中寻求自由：论格林的自由观[J]. 华中师范大学学报（哲学社会科学版），2006（1）.

[6] 邓正来. 社会秩序规则二元观：哈耶克法律理论的研究[J]. 北大法律评论，1999（2）.

[7] 邓正来. 哈耶克方法论个人主义的研究[J]. 浙江学刊，2002（4）.

[8] 邓正来. 哈耶克关于自由的研究[J]. 哲学研究，2008（10）.

[9] 邓正来.《自由秩序原理》抑或《自由的宪章》：哈耶克The Constitution of Liberty书名辨[J]. 法哲学与法社会学论丛，1998.

[10] 豆星星，谢勇. 论马克思法律自由观及其当代价值[J]. 求实，2012（2）.

[11] 冯克利. 哈耶克的知识观和权力限制[J]. 天涯，2000（4）.

[12] 冯克利. 哈耶克并不沮丧[J]. 读书，1993（12）.

[13] 高全喜. 宪法、民主与国家：哈耶克宪法理论中的几个问题[J]. 清华大学学报（哲学社会科学版），2006（5）.

[14] 高全喜. 哈耶克主义与中国语境[J]. 博览群书，2008（2）.

[15] 贺来，张欢欢. "人的本质是一切社会关系的总和"意味着什么[J]. 学习与探索，2014（9）.

[16] 胡余清. 马克思与哈耶克自由观之比较[J]. 广东社会科学，2008（5）.

[17] 贺来. 一种批判性的"自由思想"：马克思哲学观的灵魂和核心[J]. 哲学动态，2003（1）.

[18] 刘怀玉. 呼喊自由的哲学：评陈刚《马克思的自由观》[J]. 学海，1999（6）.

[19] 刘同舫，李艳. 马克思对古典自由主义的反思与建构：基于《黑格尔法哲学批判》的考察[J]. 学术界，2019（1）.

[20] 李佃来，陈权. 马克思政治哲学中的自然与自由[J]. 江汉论坛，2015（6）.

[21] 陆杰荣. 马克思的实践唯物主义精神观及其当代价值[J]. 理论探讨，2018（1）.

[22] 陆莎莎. 马克思关于人的类本质理论刍议[J]. 哈尔滨学院学报，2017（2）.

[23] 李舒杰. 浅析哈耶克的自由主义思想[J]. 法制与社会，2012（5）.

[24] 马永翔. 哈耶克对现象秩序和物理秩序的区分——兼论格雷对哈耶克的康德主义解释的限度[J]. 中国人民大学学报，2004（1）.

[25] 孟婷，张澍军. 精微剖析马克思"自由个性"思想的概念内涵：从马克思关于"自由个性"的五处文本直述展开[J]. 湖北社会科学，2018（6）.

[26] 乔治·埃拉德，莱尔德·阿迪斯. 如何阅读和重释马克思：卡罗尔·古尔德《马克思的社会本体论》的评论[J]. 王虎学，译. 贵州师范大学学报（社会科学版），2020（6）.

[27] 孙育玮. "法典就是人民自由的圣经"：学习马克思早期法学思想的体会[J]. 求是学刊，1983（3）.

[28] 宋银丽. 马克思关于人的类本质思想及其教育启示[J]. 内蒙古师范大学学报（教育科学版），2007（11）.

[29] 宋碧琦. 马克思自由理论与哈耶克自由思想之比较[J]. 长江丛刊，2020

（30）.

[30] 宋清华. 哈耶克有限理性论的认识论基础[J]. 电子科技大学学报社科版，2005（3）.

[31] 申建林. 对理性主义自由观的反思[J]. 武汉大学学报（社会科学版），2001（3）.

[32] 邵晓光，王欣. 哈耶克对人造秩序的批判[J]. 沈阳师范大学学报（社会科学版），2018（6）.

[33] 唐程. 马克思哲学视阈中自由个性三阶生成论[J]. 社科纵横，2014（6）.

[34] 王南提. 马克思的自由观及其当代意义[J]. 现代哲学，2004（2）.

[35] 王国坛. 试析马克思的共产主义价值观[J]. 辽宁大学学报（哲学社会科学版），2014（5）.

[36] 汪行福. 马克思与现代性问题[J]. 现代哲学，2004（4）.

[37] 韦森. 约翰·格雷对哈耶克的全面挑战[J]. 战略与管理，2001（3）.

[38] 夏慧敏，李连根. 马克思与哈耶克自由观辨异[J]. 湘潭师范学院学报（社会科学版），2008（4）.

[39] 徐福来. "积极自由"与"自由个性"：伯林对马克思"自由"概念的误读[J]. 浙江学刊，2007（5）.

[40] 俞吾金. 论马克思对西方哲学传统的扬弃：兼论马克思的实践、自由概念与康德的关系[J]. 中国社会科学，2001（3）.

[41] 姚大志. 分析的马克思主义与当代自由主义：罗默的自由主义批判[J]. 华中师范大学学报（人文社会科学版），2018（1）.

[42] 阎孟伟. 个人主义、个人自由与自由秩序：简评哈耶克自由理论与马克思自由理论的原则区别[J]. 新视野，2009（4）.

[43] 张三元. 论马克思关于自由的三种形态：马克思自由观研究之一[J]. 学术界（月刊），2012（1）.

[44] 张三元. 论马克思自由观的三个核心范畴——马克思自由观研究之二[J].中南民族大学学报（人文社会科学版），2013（2）.

[45] 张三元. 马克思自由伦理的四重意蕴——马克思自由观研究之三[J]. 安徽师范大学学报（人文社会科学版），2014（3）.

[46] 张三元. 马克思自由观的逻辑进路——马克思自由观研究之四[J]. 西南民族大学学报（人文社会科学版），2015（3）.

[47] 钟华，邹心平. 哈耶克自由观述论[J]. 湖北经济学院学报（人文社会科学版），2005（3）.

[48] 赵常林. 马克思自由观的演变[J]. 北京大学学报（哲学社会科学版），1984（4）.

[49] 张俊飞. 曼德维尔的经济思想：以《蜜蜂的寓言——私人的恶德，公众的利益》为中心[J]. 山西高等学校社会科学学报，2012（4）.

[50] 周丹. 关于哈耶克自由观的三点反驳：从马克思主义的观点看[J]. 甘肃社会科学，2014（6）.

学位论文类

[1] 曹悦德. 哈耶克新自由主义政治哲学思想研究[D]. 哈尔滨：黑龙江大学，2014.

[2] 侯小丰. 自由的思想移居：自由的概念史与社会史[D]. 长春：吉林大学，2013.

[3] 孟亚凡. 马克思主义哲学视野中的哈耶克自由观审视[D]. 长春：吉林大学，2014.

[4] 商继政. 马克思自由观研究[D]. 成都：电子科技大学，2012.

[5] 武丹丹. 哈耶克和阿马蒂亚·森的自由观[D]. 保定：河北大学，2012.

[6] 王力. 当代中国语境中的马克思与哈耶克[D]. 天津：天津师范大学，2006.

[7] 王盛辉. 马克思"自由个性"思想的历史生成：基于文本解读的考察[D]. 济南：山东师范大学，2009.

[8] 杨润. 马克思自由理论与哈耶克自由思想比较研究[D]. 重庆：西南政法大学，2017.

[9] 杨庐峰. 马克思否定辩证法视域下哈耶克否定性思想研究[D]. 沈阳：辽宁大学，2018.

[10] 杨阳. 哈耶克自由观评述[D]. 北京：中共中央党校，2009.

[11] 禹哲. 个人自由的理性之维：哈耶克自由思想研究[D]. 大连：辽宁师范大学，2007.

[12] 张黎. 哈耶克自由思想研究[D]. 重庆：西南大学，2009.

[13] 张世明. 自发秩序的理据：哈耶克理性观研究[D]. 南京：南京大学，2011.

报纸类及其他

[1] 孔子.《论语·卫灵公》

[2] 《人民日报》社论. 无产阶级只有解放全人类才能最后解放自己：庆祝"五一"国际劳动节[N]. 人民日报，1967-5-1.

[3] 孙国东. 哈耶克与新自由主义：哈氏思想在中国的引介、传播及其影响[N]. 中华读书报，2009-12-9.

[4] 袁曙宏. 坚持法治国家、法治政府、法治社会一体建设[N]. 人民日报，2020-4-21.

英文文献

[1] A.Comte, Systeme de Politique Positive[M]. Paris: L. Mathias, 1951.

[2] Ananta Sukla, ed.Art and representation: contributions to contemporary aesthet-ics[C]. Westport: Praeger Publishers, 2001.

[3] Alan Ebenstein, Friedrich Hayek: A Biography[M]. New York: St Martin's

Press, 2001.

[4] Boettke, P. The Legacy of Friedrich von Hayek[M]. London: Edward Elgar, 2000.

[5] Baumgarth, W.The Political Philosophy of F. A. Hayek[D]. Harvard University Ph. D. Dissertation in Government. Cambridge, Mass: 1976.

[6] Baron de Montesquieu, The Spirit of Laws[M]. tr.by Thomas Nugent, ed.David Wallace Carrithers, Berkeley & Los Angeles, Calif.: University of California Press, 1977.

[7] Caldwell, B.Hayek's Challenge: Intellectual Biography[M]. Chicago: University of Chicago Press, 2005.

[8] David L.Prychitko, "Methodological Individualism and the Austrian School: ANote on its Crities", in Peter J.Boettke, ed., The Legacy of Friedrich von Hayek (II: Philosophy) [M]. Cheltenham: Edward Elgar Publishing Limited, 1999.

[9] E.Barker, Refletions on Governmen[M]. Oxford: Oxford University Press, 1942.

[10] F.A.Hayek, The Constitution of Liberty[M]. Chicago: The University of Chicago Press, 1960.

[11] F.A.Hayek, The Road to Serfdom[M]. Chicago: The University of Chicago Press, 1944/2007.

[12] Giorgio de Santillana, The Crime of Calileo[M]. Chicago: The University of Chicago Press, 1955.

[13] Gray. Hayek on Liberty, Rights and Justice[J]. Ethics, 1981 (92) .

[14] Hayek, Law, Legislation and Liberty: Rules and Order (I) [M]. Chicago: The University of Chicago Press, 1973.

[15] Hayek. UCLA Oral History 1978 Interview[M]. LosAngeles: UCLA, 2001.

[16] Hayek, New Studies in Philosophy, Politics, Economics and the History of

Ideas[M]. London: Routledge & Kegan Paul, 1978.

[17] Hayek, Studies in Philosophy, Politics and Economics[M]. London: Routledge & Kegan Paul, 1967.

[18] H.J.Laski, Liberty in the Modern State[M]. Kelley（Augustus M.）Publisher, U.S.1949.

[19] Hayek, Hayek on Hayek: An Autobiographical Dialogue[M]. ed.by Stephen Kresge and Leif Wenar. Chicago: University of Chicago Press, 1994.

[20] Hayek, The Sensory Order: An Inquiry into theFoundations of Theoretical Psychology[M]. Chicago: University of Chicago Press, 1952.

[21] Hoy, C.Hayek's Philosophy of Liberty[D]. Columbia University Ph.D.Dissertati-on: 1982.

[22] Isaiah Berlin, Four Essays on Liberty[M]. New York: Oxford University Press, 1969.

[23] J.Gray.Hayek On Liberty, Third edition, by Routledge, Preface to the First Edi-tion, 1998.

[24] Jack Birner and Rudy van Zijp, Hayek and the Keynesian avalanche[M]. London and New York: Routledge, 1994.

[25] John Gray, Hayek on Liberty[M]. London and New York: Routledge, 1998.

[26] Kukathas, C.Hayek and Liberalism[M]. London: Routledge, 1989.

[27] Karl Popper, The Open Society and Its Enemies[M]. London: Routledge and Kegan Paul, 1954.

[28] Karl Mannheim, Ideology and Utopia: An Introduction to the Sociology of K-nowledge[M]. trans. by Louis Wirth and Edward Shils, New York: Harcourt, Brace and World, 1936.

[29] Ludwig von Mises, Socialism: An Economic and Sociological Analysis [M]. New Haven: Yale University Press, 1951.

[30] Leo Strauss, Liberalism: Ancient and Modern[M]. New York: Basic Books,

1968.

[31] Petsoulas, Hayek's liberalism and its origins[M]. London and New York: Routledge, 2001.

[32] P.Drucker, The End of Economic Man[M]. London: Transaction Publishers, 1939.

[33] Robert Leeson, Hayek—Influences from Mises to Bartley[M]. New york: Palgrave Macmillan, 2013.

[34] R.Descartes, A Discourse on Method[M]. London: Penguin Books, 1960.

[35] Seldon, A.Hayek on Liberty and Liberalism[J]. Contemporary Review, 200（1961）.

[36] The Essence of Hayek[M]. edited by Chiaki Nishiyama, Kurt R.Lrube, Stanford, Calif: Hoover Institution Press, Stanford University, 1984.

[37] T.H.Green, Lectures on the Principles of Political Obligation[M]. London: Cambridge University Press, 1986.

[38] Abraham Lincoln, The Writings of Abraham Lincoln[M]. New Haven: Yale University Press, 1906.

[39] The English Works of Thomas Hobbes, ed., Sir W.Molesworth[M]. London: Johyn Bohn, 1839–1884.

[40] Voltaire, Le Philosophe ignorant, XIII[M]. Paris: Flammarion Press, 1955.

[41] Wood, J.&R.Woods.F.A.Hayek: Critical Assessments[M]. New York: Routledge, 1991.

后　记

马克思与哈耶克是人类自由思想史上十分值得钦敬的两位思想导师，在人类文明历史长河中都留下了浓墨重彩的光辉一笔。在对他们自由思想研究的过程中，我被他们的事迹所感动，被他们的思想所震撼，被他们的人格所折服。两位思想家平凡却又不平凡，普通却又不普通。平凡的是，他们也都是有血有肉的普通人；不平凡的是，他们的理想和抱负以及所经历的沧桑岁月都极不普通。今天，世界仍旧并不太平，但生于和平中国的我们，在享受幸福与和平生活的同时，是否也应该为人类文明进步留下点什么，哪怕是极微不足道的一丁点儿也足矣，或许此篇拙作算是暂且圆了我的这点小心愿吧。

唐末五代十国著名诗人王贞白诗有云："读书不觉已春深，一寸光阴一寸金"。此二句，或许能代表我此时此刻的感触与心情。埋头写作，已有一段光景，值此搁笔之际，难忘而不平凡的庚子年早已远去。疫情笼罩的盛京城，少了一份喧嚣，多了一份宁静；瑞雪覆盖下的大沈阳，少了一丝热闹，多了一丝冷清。纵有千种对即将逝去岁月的不舍，纵有万分对即将到来牛年春节的激动，随着文字的增加、时间的流逝，都化作了为绽放生命之光而奋斗的精彩。

本书在写作过程中，恩师邵晓光教授给予了我思想观点的启迪激荡，给予了我研究方法的精心指点，给予了我研究过程的鼓励督促。又荣蒙南开大学阎孟伟教授、河北大学程志华教授、辽宁大学陆杰荣教授、吕梁山教授、叔贵峰教授、王国坛教授、王雅教授、王国富教授、何林教授的

184

指教批评。本书出版之际，特别要向上述诸位教授学者深致谢忱。当然，本书若有任何错误，完全是我学力不逮所致，应由我自己负责。

最后，我要感谢妻子冯园园女士、岳母吴凤宽、岳父冯杰在本书写作期间，担负照顾文希（7岁）稚儿之劳，使我无后顾之忧，得以专注研究工作，于此，谨致衷心谢意。我也要感谢中共辽宁省委党校（辽宁行政学院、辽宁省社会主义学院）领导科学教研部陈丽华教授、李倩教授、袁野教授以及部门每位同事对我写作工作给予的理解支持，感谢校（院）科研处周大勇处长、李迪副处长等领导同志对我科研过程的鼎力相助。在此，尤其要感谢辽宁出版集团赵婷婷及辽宁人民出版社对本书出版工作的悉心指导与辛勤付出！

笔者学力有限，本书疏漏错谬之处必多，敬祈列位学者先进，多加指正。

徐振华

2021年2月于沈阳市和平区五里河街18号